Fundamentos de psicopedagogia

2ª edição

Fundamentos de psicopedagogia

Genoveva Ribas Claro

Rua Clara Vendramin, 58 . Mossunguê
CEP 81200-170 . Curitiba . PR . Brasil
Fone: (41) 2106-4170
www.intersaberes.com
editora@intersaberes.com

Conselho editorial
Dr. Alexandre Coutinho Pagliarini
Drª Elena Godoy
Dr. Neri dos Santos
Mª Maria Lúcia Prado Sabatella

Editora-chefe
Lindsay Azambuja

Gerente editorial
Ariadne Nunes Wenger

Assistente editorial
Daniela Viroli Pereira Pinto

Edição de texto
Monique Francis Fagundes Gonçalves

Capa
Iná Trigo (*design*)
Sílvio Gabriel Spannenberg (adaptação)
agsandrew/Shutterstock (imagem)

Projeto gráfico
Iná Trigo

Diagramação
Andreia Rasmussen

Equipe de *design*
Sílvio Gabriel Spannenberg

Iconografia
Regina Claudia Cruz Prestes

Dados Internacionais de Catalogação na Publicação (CIP)
(Câmara Brasileira do Livro, SP, Brasil)

Claro, Genoveva Ribas
   Fundamentos da psicopedagogia / Genoveva Ribas Claro. -- 2. ed. -- Curitiba : Editora Intersaberes, 2023. -- (Série panoramas da psicopedagogia)

   Bibliografia.
   ISBN 978-85-227-0466-8

   1. Psicologia da aprendizagem 2. Psicologia educacional 3. Psicopedagogia I. Título. II. Série.

23-142679   CDD-370.15

Índices para catálogo sistemático:

1. Psicopedagogia   370.15

Cibele Maria Dias - Bibliotecária - CRB-8/9427

1ª edição, 2018.
2ª edição, 2023.

Foi feito o depósito legal.

Informamos que é de inteira responsabilidade da autora a emissão de conceitos.

Nenhuma parte desta publicação poderá ser reproduzida por qualquer meio ou forma sem a prévia autorização da Editora InterSaberes.

A violação dos direitos autorais é crime estabelecido na Lei n. 9.610/1998 e punido pelo art. 184 do Código Penal.

Sumário

Apresentação, 9
Organização didático-pedagógica, 11

Capítulo 1   Psicopedagogia: em busca de significados, 16
1.1 Conceituação, 17
1.2 O objeto de estudo da psicopedagogia, 20
1.3 A contribuição da psicopedagogia
para a sociedade, 23
1.4 Bases epistemológicas
da psicopedagogia, 25
1.5 Alguns teóricos que fundamentam a área
de estudo da psicopedagogia, 30

Capítulo 2   Trajetória histórica da psicopedagogia, 52
2.1 O surgimento da psicopedagogia, 53
2.2 A psicopedagogia na Europa, 56
2.3 A psicopedagogia nas Américas, 59
2.4 Psicopedagogia: limites e possibilidades
no limiar do século XXI, 67

Capítulo 3   Formação e atuação profissional
do psicopedagogo, 76
3.1 Formação profissional
do psicopedagogo, 77
3.2 Atuação do psicopedagogo, 83

Capítulo 4 Identidade profissional do psicopedagogo, 102
4.1 Identidade: contextualização, 103
4.2 O perfil do psicopedagogo, 106
4.3 O psicopedagogo, o sujeito aprendente e a atuação em equipes multidisciplinares, 109
4.4 A avaliação como atividade inerente ao trabalho do psicopedagogo, 114
4.5 O profissional psicopedagogo diante das intervenções, 118

Capítulo 5 **A psicopedagogia e suas relações com outras áreas do conhecimento, 130**
5.1 A interação da psicopedagogia com a psicologia escolar, 131
5.2 Psicopedagogia e pedagogia, 135
5.3 Psicopedagogia e psicanálise, 139
5.4 Psicodrama e psicopedagogia, 144
5.5 Psicopedagogia, problemas de aprendizagem e relações familiares, 147

Capítulo 6 Código de ética, 158
6.1 Ética: contextualização, 159
6.2 A regulamentação da profissão, 163
6.3 Princípios e responsabilidades do psicopedagogo, 165
6.4 O exercício das atividades profissionais do psicopedagogo, 169
6.5 Termo de Consentimento Livre e Esclarecido, 172

Considerações finais, 183
Referências, 187
Bibliografia comentada, 201
Respostas, 203
Sobre a autora, 205

Apresentação

O objetivo deste livro é apresentar alguns fundamentos de psicopedagogia, área de estudo que tem por objeto a aprendizagem e que busca identificar os obstáculos que podem surgir nesse processo a fim de intervir de modo preventivo, propondo estratégias e ferramentas de auxílio.

Entender como o sujeito constrói seu conhecimento é uma tarefa difícil às vezes, razão pela qual a psicopedagogia se apoia em outras ciências para construir seu referencial e orientar sua atuação nos âmbitos do indivíduo, do grupo, da instituição e da sociedade de forma multidisciplinar.

No Capítulo 1, analisamos os significados atribuídos à psicopedagogia, sua contribuição para a sociedade, suas bases epistemológicas e o pensamento dos teóricos que a influenciaram.

Apresentamos a trajetória histórica da psicopedagogia no Capítulo 2, da implantação na Europa até sua chegada ao Brasil, abordando as mudanças ocorridas até o limiar do século XXI.

No Capítulo 3, descrevemos como são a formação e o campo de atuação do psicopedagogo, bem como as atividades desenvolvidas por esse profissional no ambiente escolar.

No percurso proposto por esta obra, é relevante pensar sobre os significados implícitos no vocábulo *identidade*, o processo identitário do psicopedagogo e seu papel na vida do sujeito aprendente. Nesse contexto, no Capítulo 4, tratamos das avaliações no contexto psicopedagógico e do desempenho do profissional da psicopedagogia diante de intervenções.

As relações que a psicopedagogia mantém com outras áreas do conhecimento – como a psicologia escolar, a pedagogia, a psicanálise e o psicodrama – e a maneira como auxilia no entendimento dos problemas de aprendizagem e nas relações familiares também são temas de estudo deste livro, contemplados no Capítulo 5.

No Capítulo 6, destacamos a importância do código de ética no desempenho da profissão de psicopedagogo. Tratamos dos significados atribuídos ao vocábulo *ética* e do que esse conceito representa na vida profissional do sujeito. Na sequência, examinamos o projeto de lei que regulamenta a profissão de psicopedagogo e buscamos identificar os princípios, as responsabilidades e os requisitos necessários ao exercício das atividades profissionais na área. Por fim, abordamos a importância do Termo de Consentimento Livre e Esclarecido no exercício da profissão.

Boa leitura!

Organização didático-pedagógica

Esta seção tem a finalidade de apresentar os recursos de aprendizagem utilizados no decorrer da obra, de modo a evidenciar os aspectos didático-pedagógicos que nortearam o planejamento do material e como o aluno/leitor pode tirar o melhor proveito dos conteúdos para seu aprendizado.

Introdução do capítulo
Logo na abertura do capítulo, você é informado a respeito dos conteúdos que nele serão abordados, bem como dos objetivos que a autora pretende alcançar.

Saiba mais
Nesta seção, a autora disponibiliza informações complementares referentes aos temas tratados no capítulo.

Para saber mais

Você pode consultar as obras indicadas nesta seção para aprofundar sua aprendizagem.

Importante

Algumas informações mais importantes da obra aparecem nestes boxes. Aproveite para fazer sua própria reflexão sobre os conteúdos apresentados.

Síntese

Você conta, nesta seção, com um recurso que o instigará a fazer uma reflexão sobre os conteúdos estudados, de modo a contribuir para que as conclusões a que você chegou sejam reafirmadas ou redefinidas.

Atividades de autoavaliação

Com estas questões objetivas, você tem a oportunidade de verificar o grau de assimilação dos conceitos examinados, motivando-se a progredir em seus estudos e a se preparar para outras atividades avaliativas.

Atividades de aprendizagem

Aqui você dispõe de questões cujo objetivo é levá-lo a analisar criticamente determinado assunto e aproximar conhecimentos teóricos e práticos.

Bibliografia comentada

Nesta seção, você encontra comentários acerca de algumas obras de referência para o estudo dos temas examinados.

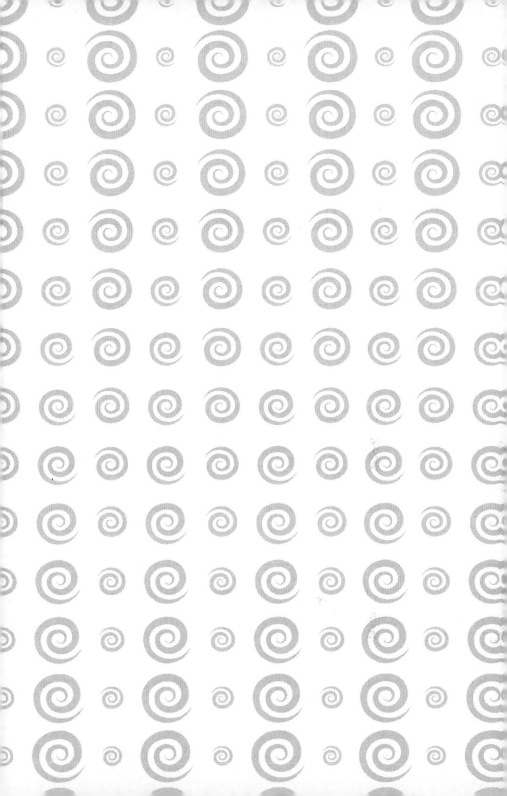

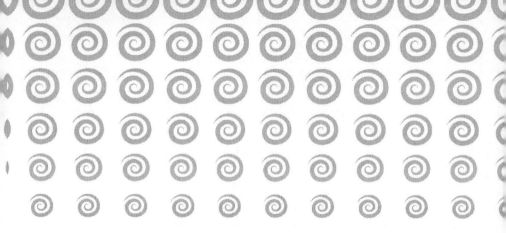

1
Psicopedagogia: em busca de significados

Neste capítulo, analisamos significados atribuídos à psicopedagogia e definimos seu objeto de estudo. Também identificamos a contribuição da psicopedagogia para a sociedade, suas bases epistemológicas e o pensamento dos teóricos que colaboraram com essa área de estudo.

1.1
Conceituação

Uma discussão sobre psicopedagogia implica refletir sobre a definição da palavra. O *Dicionário Michaelis* (2018) registra que, etimologicamente, este é um vocábulo composto do grego *psykhē* + *o* + *pedagogia* e significa "aplicação de conhecimentos da psicologia às práticas educativas".

O conceito remete a duas grandes áreas do conhecimento: psicologia e pedagogia as quais têm como foco de estudo o sujeito. Conforme o Conselho Federal de Psicologia (CFP, 2010),

> a Psicopedagogia é uma área de interseção entre a Psicologia e a Pedagogia, um saber constituído a partir das intervenções na educação, destas duas áreas em conjunto, envolvendo atividades que são da competência do psicólogo e do pedagogo. Ou seja, é uma especialidade no âmbito das duas áreas e que, portanto, exige a formação geral e básica em uma delas.

A Associação Brasileira de Psicopedagogia (ABPp) foi criada em 12 de novembro de 1980 e, com ela, a psicopedagogia começou a se estruturar como uma profissão à parte, agregando, além da psicologia e da pedagogia, outras áreas do conhecimento. Para isso, era necessário que os interessados realizassem uma pós-graduação *lato sensu*. Aos poucos, as ofertas dos cursos de especialização se proliferaram em todo o território nacional.

Em 2001, foi ofertado pela Pontifícia Universidade Católica do Rio Grande do Sul (PUCRS) o primeiro curso de graduação em Psicopedagogia Clínica e Institucional no Brasil. Em 2002, o curso foi oferecido também pela Universidade La Salle, localizada em Canoas, e, em 2003, pela Universidade Feevale, no município de Novo Hamburgo. As três instituições estão localizadas no estado do Rio Grande do Sul. Em 2006, o curso iniciou seu funcionamento no Centro Universitário Fieo (Unifieo), uma instituição privada localizada em Osasco (SP), e, em 2009, na Universidade Federal da Paraíba (UFPB). Todos os cursos ofertados são de bacharelado.

Após esse preâmbulo, ressaltamos que, na atualidade, a psicopedagogia é a área de estudo que se preocupa em investigar a maneira como o sujeito constrói seu conhecimento. Ela busca identificar as dificuldades de aprendizagem para intervir de modo preventivo, bem como propor estratégias e ferramentas que auxiliem no aprendizado. Sua atuação está associada aos âmbitos do indivíduo, do grupo, da instituição e da sociedade.

De acordo com Lemos (2007, p. 73),

> A psicopedagogia se ocupa do estudo do processo de aprendizagem humana, de forma preventiva e terapêutica. Entretanto, ainda que o enfoque da psicopedagogia seja os problemas de aprendizagem, é necessário que se ocupe do processo de aprendizagem como um todo, a fim de descobrir as barreiras que impedem ou atrapalham o aprendiz de se autorizar a saber.

Segundo a ABPp (2011), a psicopedagogia "é um campo de atuação em Educação e Saúde que se ocupa do processo de aprendizagem considerando o sujeito, a família, a escola, a sociedade e o contexto sócio-histórico, utilizando procedimentos próprios, fundamentados em diferentes referenciais teóricos".

É importante enfatizar que se trata de uma área do conhecimento que possibilita ao profissional atuar tanto na clínica quanto na instituição. Dessa forma, propõe integrar, de forma coerente, conhecimentos e princípios de diferentes áreas das ciências humanas.

Nas palavras de Neves (1991, p. 12),

> a Psicopedagogia estuda o ato de aprender e ensinar, levando sempre em conta as realidades interna e externa da aprendizagem, tomadas em conjunto. E mais, procurando estudar a construção do conhecimento em toda a sua complexidade, procurando colocar em pé de igualdade os aspectos cognitivos, afetivos e sociais que lhe estão implícitos.

Complementamos nossa reflexão sobre o conceito de psicopedagogia com a explanação de Barbosa (2007, p. 91), que assim a define:

> A área do conhecimento que se propõe estudar o ser cognoscente e seu processo de aprender, compreendendo-o como um ser constituído de três grandes dimensões: a Racional, a Relacional e a Desiderativa e do funcionamento decorrente das relações dessas três dimensões, que acontecem num corpo físico e biológico, bem como num contexto cultural próprio.

Assim, no processo de construção do conhecimento, é preciso compreender que o sujeito é dotado de razão, que expressa seus desejos, suas ânsias e suas vontades, mas é na troca com o outro e com o meio cultural que se "faz" humano.

1.2
O objeto de estudo da psicopedagogia

O objeto de estudo da psicopedagogia é a aprendizagem com todas as suas nuances. Conforme Neves (1991, p. 12), "o objeto central de estudo da Psicopedagogia se estrutura em torno do processo de aprendizagem humana, seus padrões evolutivos, normais e patológicos bem como a influência do meio (família, escola, sociedade) em seu desenvolvimento".

A psicopedagogia estuda as formas como o sujeito aprende e de que maneira essa aprendizagem ocorre, bem como os fatores que provocam alterações no ato de aprender, a fim de preveni-las e tratá-las.

De acordo com Rubinstein (2001, p. 127), a psicopedagogia tem por objetivo

> compreender, estudar e pesquisar a aprendizagem nos aspectos relacionados com o desenvolvimento e/ou problemas de aprendizagem. A aprendizagem é entendida aqui como decorrente de uma construção, de um processo o qual implica em questionamentos, hipóteses, reformulações, enfim, implica um dinamismo. A psicopedagogia tem como meta compreender a complexidade dos múltiplos fatores envolvidos neste processo.

Nesse sentido, a psicopedagogia "busca a melhoria das relações com a aprendizagem, assim como a melhor qualidade na construção da própria aprendizagem de alunos e educadores" (Weiss, 2012, p. 6).

Foco de estudo da psicopedagogia, a aprendizagem é um processo contínuo de construção de conhecimentos e está presente na vida do sujeito desde a mais tenra idade. Segundo Vygotsky (citado por Oliveira, 1995, p. 57), é "o processo pelo qual o sujeito adquire informações, habilidades, atitudes, valores, etc. a partir do seu contato com a realidade, o meio ambiente e as outras pessoas".

Na concepção de Díaz (2011, p. 83), a aprendizagem é

> um processo mediante o qual o indivíduo adquire informações, conhecimentos, habilidades, atitudes, valores, para construir de modo progressivo e interminável suas representações do interno (o que pertence a ele) e do externo (o que está "fora" dele) numa constante inter-relação biopsicossocial com seu meio e fundamentalmente na infância, através da ajuda proporcionada pelos outros.

Para o autor, no processo de aprendizagem, sempre há uma autoconstrução de informações, de habilidades, de atitudes, a qual modifica o que foi anteriormente aprendido. Dessa forma, o ato de aprender é constituído pela integração de dados oferecidos pelo meio e de dados construídos pelo sujeito aprendiz. Aprender significa transformar. Toda aprendizagem provoca mudança no comportamento do sujeito.

Com relação à ação psicopedagógica, teoricamente, ela deve ser pautada pela prevenção do fracasso escolar e das dificuldades que envolvem tanto educandos como educadores.

Contudo, Reis (2018) alerta que a psicopedagogia "também centra seu olhar na procura por estabelecer relações nas quais o principal objetivo é resgatar o prazer, não somente de aprender, mas também de ensinar. Sendo assim, reflete sobre as relações estabelecidas com o conhecimento e as diferentes formas de se adquirir este conhecimento". Como explica Pfromm Netto (1987, p. 1), a aprendizagem é essencialmente "um processo interno e pessoal, que acontece dentro do aprendiz. Mas só as ações manifestas ou os comportamentos do aprendiz – o que este faz, diz ou produz – permitem a um observador externo concluir se houve ou não houve aprendizagem, na extensão e com a proficiência desejáveis".

Assim, é importante que o fazer psicopedagógico leve em consideração a autoria do pensamento por parte do sujeito, observe a maneira como ele constrói seu conhecimento, de que maneira ele analisa, organiza e identifica as fontes de informação e, ainda, de que forma ele constitui sua identidade como sujeito de aprendizagem.

Nesse sentido, o objeto de estudo da psicopedagogia deve ser compreendido sob dois enfoques: o preventivo e o terapêutico. O enfoque preventivo consiste em saber como se dá o desenvolvimento cognitivo, afetivo e social do sujeito. Já o terapêutico se concentra em identificar, analisar e construir procedimentos metodológicos que possibilitem diagnosticar e tratar as dificuldades de aprendizagem.

1.3
A contribuição da psicopedagogia para a sociedade

Conforme visto, a psicopedagogia tem como propósito compreender de que maneira o sujeito produz conhecimento. Tem, então, como objeto de estudo o ser cognoscente. Assim, é preciso entendê-lo em todas as suas dimensões.

Laura Monte Serrat Barbosa, em um de seus textos, questiona: Qual é o valor da psicopedagogia para a sociedade? A autora responde:

> Sua importância está em valorizar o ser pensante, o ser que sente, que age e interage num contexto histórico e geográfico; um ser que pode ser autônomo, mas interdependente; que pode ser indivíduo, mas parte de um grupo; que pode reproduzir e criar, sem que isso o desestabilize; que pode usufruir a convergência dos conhecimentos, agrupados em módulos, combinando experiências, vivências e saberes, ao mesmo tempo em que pode convergir como parte de grupos humanos. (Barbosa, 2007, p. 98)

Nesse contexto, é importante reconhecer que o sujeito nasce incompleto e, para sobreviver, precisa se apropriar de sua cultura e adquirir conhecimentos, pois é somente por meio da aprendizagem que ele transforma o meio em que vive.

A autora complementa:

> o valor da Psicopedagogia, portanto, está na preocupação em trabalhar com o aprendiz humano, com um sujeito que

é movido pelo desejo e pelo respeito. O campo de ação da Psicopedagogia encontra-se diante de si, onde se encontram os aprendizes: na escola, nas casas, nas empresas, nas organizações ou mesmo na rua. (Barbosa, 2007, p. 98)

Na escola, a psicopedagogia colabora com os alunos que apresentam dificuldades de aprendizagem e também com as discussões sobre o processo de aprendizagem da leitura e da escrita, especialmente na elucidação e na minimização dos problemas que atingem as crianças na alfabetização.

Entendemos, tal qual Fernández (2001c, p. 27), que "a psicopedagogia vem para explicar também que na fabricação do problema de aprendizagem como sintoma intervêm questões que dizem respeito à significação inconsciente do conhecer e do aprender e ao posicionamento diante do escondido".

É importante, entretanto, ressaltar que a psicopedagogia não é, nem pretende ser, salvacionista, pois, conforme assinala Weiss (2012, p. 17),

> a escola não é isolada do sistema socioeconômico, mas pelo contrário, é um reflexo dele. Portanto, a possibilidade de absorção de certos conhecimentos pelo aluno dependerá, em parte, de como essas informações lhe chegaram, lhe foram ensinadas, o que por sua vez dependerá, nessa cadeia, das condições sociais que determinaram a qualidade do ensino.

A educação recebe influências e interferências dos sistemas que compõem a sociedade. O mesmo acontece com o aluno. Quando ele ingressa na escola, traz consigo uma bagagem de informações advindas do contexto em que está inserido e cabe aos sujeitos envolvidos no processo de ensino e aprendizagem transformá-la em conhecimento.

1.4
Bases epistemológicas da psicopedagogia

De acordo com o *Dicionário Houaiss* (2018), *epistemologia* é o "estudo dos postulados, conclusões e métodos dos diferentes ramos do saber científico, ou das teorias e práticas em geral, avaliadas em sua validade cognitiva, ou descritas em suas trajetórias evolutivas, seus paradigmas estruturais ou suas relações com a sociedade e a história".

Garcia (2002) acrescenta que o vocábulo *epistemologia* é derivado do francês e faz referência ao estudo crítico das ciências, dirigido a determinar seu valor na sociedade, seu fundamento lógico e seu campo de ação. Não deve ser confundido com a expressão *teoria do conhecimento*, utilizada pela filosofia.

Outra forma de conceituar o termo é apresentada por Abreu et al. (2010, p. 362): "como uma reflexão sobre os princípios fundamentais das Ciências: *Episteme* (Ciência, no sentido mais amplo, para os gregos, e, sobretudo, mas não apenas, fundamentos do conhecimento científico, para nós modernos) + *logos* (tratado, estudo)".

A psicopedagogia é uma área de estudo multidisciplinar que tem por objetivo investigar o ser que conhece e a maneira como ele produz conhecimento, isto é, ocupa-se em compreender o sujeito como ser cognoscente.

Mas o que significa *ser cognoscente*? A resposta a esse questionamento é dada por Barbosa (2007, p. 94):

O ser cognoscente, como sujeito inteiro, é constituído por distintas dimensões: biológica, afetiva, desiderativa, relacional e racional, que interagem entre si, com o ambiente natural e sociocultural e possibilitam o advento do conhecer e do conhecer-se. Como sujeito integrado, é parte e, ao mesmo tempo, todo, que integra suas dimensões e as desintegra, que se integra ao ambiente e desintegra-se, que se integra à comunidade humana e desintegra-se. Como sujeito temporal, é histórico, vive em um tempo, carrega consigo o conhecimento de outros tempos e projeta para o futuro o que conheceu, o que conhece e o que pode produzir de conhecimento a partir de sua experiência e de todos que fazem parte do conhecimento do qual conseguiu se apropriar. Como sujeito sistêmico, faz parte de uma teia de relações existente no universo. É subsistema de um sistema maior, ao mesmo tempo em que se constitui como um sistema objetivo e subjetivo.

O homem é um ser que nasce incompleto e, por ser um sujeito aprendente, é na convivência com o outro que faz sua história e se apropria da cultura do meio no qual está inserido.

Nesse sentido, "a Epistemologia da Psicopedagogia, considerando-se a complexidade da vida, do ambiente e do ser cognoscente, pode estar na relação dos opostos que compõem um todo coeso e que produzem, nesse todo, a contradição" (Barbosa, 2007, p. 95).

Dessa forma, é preciso que haja uma interação entre o sujeito – aquele que conhece –, o conhecimento propriamente dito e a produção do conhecimento. "A Psicopedagogia busca, construir uma teoria que dê conta de explicar o processo por meio do qual o sujeito aprendente articula fantasia e realidade abandonando a ilusão da onipotência para criar o símbolo e com ele a capacidade de gerar pensamento ampliando o conhecimento sobre si e sobre o mundo" (Andrade, 2002b, p. 16).

Ainda de acordo com Barbosa (2007, p. 96), em um primeiro momento,

> acredita-se que a Epistemologia da Psicopedagogia apoia-se na complexidade. A discussão sobre a construção desta Epistemologia, do corpo científico e da organização da prática auxilia na compreensão de que a Psicopedagogia é uma só e revela-se em diferentes âmbitos: do indivíduo, do grupo, da instituição e da comunidade.

Com relação às bases epistemológicas da psicopedagogia, uma explicação é oferecida por Jorge Visca, um dos primeiros psicopedagogos a propor uma epistemologia para a psicopedagogia, a qual denominou *epistemologia convergente*. Para o autor, um diagnóstico psicopedagógico precisa convergir a partir da compreensão dos aspectos afetivos, cognitivos e do meio, que confluem no aprender do ser humano.

Conforme Visca (1991), "esta visão, inicia a partir do momento em que cientistas abandonam sua linha de pensamento, como a única possibilidade de compreender o mundo e penetrar no conhecimento de outras linhas, percebendo a relatividade das descrições e explicações de distintas correntes e pensamentos".

Saiba mais

O psicólogo social Jorge Pedro Luiz Visca nasceu em Buenos Aires, na Argentina, no dia 14 de maio de 1935 e morreu em 20 de julho de 2000. Foi o fundador do Centro de Estudos Psicopedagógicos de Buenos Aires e precursor da psicopedagogia no Brasil – em 1979, ele implantou no Rio de Janeiro cursos em que se formaram os primeiros profissionais da área no país.

Rocha (2005, p. 3) explica que a epistemologia convergente é "resultado da assimilação recíproca de conhecimentos fundamentados no construtivismo, no estruturalismo construtivista e no interacionismo". De fato, Visca busca referenciais integrados pela contribuição da escola psicanalítica de Sigmund Freud, da epistemologia genética de Jean Piaget e da psicologia social de Enrique Pichon-Rivière.

Figura 1.1 – Epistemologia convergente

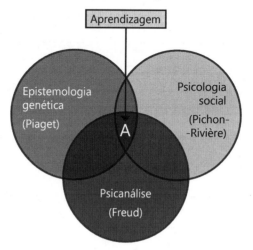

Fonte: Elaborado com base em Visca, 1987.

Vejamos, então, em que consiste cada uma dessas escolas que contribuíram para a epistemologia convergente proposta por Visca.

Grosso modo, a epistemologia genética proposta por Jean Piaget busca entender de que maneira o sujeito constrói conhecimentos e compreender as etapas do desenvolvimento humano ao longo da vida. Piaget (1977, p. 7) assim a define:

> pesquisa essencialmente interdisciplinar que se propõe estudar a significação dos conhecimentos, das estruturas operatórias ou de noções, recorrendo, de uma parte, a sua história e ao seu funcionamento atual em uma ciência determinada (sendo os dados fornecidos por especialistas dessa ciência e sua epistemologia) e, de outra, ao seu aspecto lógico (recorrendo aos lógicos) e enfim à sua forma psicogenética ou às suas relações com as estruturas mentais (esse aspecto dando lugar às pesquisas de psicólogos de profissão, interessados também na Epistemologia).

Desse modo, a epistemologia genética "objetiva explicar a continuidade entre processos biológicos e cognitivos, sem tentar reduzir os últimos aos primeiros, o que justifica, e ao mesmo tempo delimita, a especificidade de sua pesquisa epistemológica: o termo genético" (Abreu et al., 2010, p. 362).

Quanto à psicologia social, de acordo com Gaiotto (citado por Bastos, 2010, p. 161-162), o objetivo é estudar

> o sujeito contextualizado, a partir de suas interações, no inter-jogo entre a vida psíquica e a estrutura social. A constituição do sujeito é marcada por uma contradição interna: ele precisa, para satisfazer as suas necessidades, entrar em contato com o

outro, vincular-se a ele e interagir com o mundo externo. Deste sistema de relações vinculares emerge o sujeito, sujeito predominantemente social, inserido numa cultura, numa trama complexa, por meio da qual internalizará vínculos e relações sociais que vão constituir seu psiquismo.

A psicologia social sustentada por Pichon-Rivière tem como "objeto o estudo do desenvolvimento e transformação de uma realidade dialética entre formação ou estrutura social e a fantasia inconsciente do sujeito, sustentada sobre suas relações de necessidade" (Barcelos, 2014, p. 161). O intuito é estudar o sujeito como produto de relações mútuas e constantes com o outro e com a sociedade.

Já a psicanálise, na perspectiva de Freud, concebe o homem em um plano biopsicossocial. Para o autor, os seres humanos são motivados por instintos e impulsos inconscientes que não estão disponíveis na parte racional e consciente da mente. Logo, a base do estudo psicanalítico é o inconsciente.

1.5
Alguns teóricos que fundamentam a área de estudo da psicopedagogia

Entre os teóricos que influenciam a psicopedagogia no Brasil, além de Jorge Visca, podemos citar Jean Piaget, Lev Vygotsky, Sigmund Freud e Enrique Pichon-Rivière.

1.5.1
Jean Piaget

Jean Piaget nasceu na cidade de Neuchâtel, na Suíça, em 9 de agosto de 1896 e faleceu em 17 de setembro de 1980, em Genebra.

Piaget especializou-se em psicologia evolutiva e na observação sistemática do processo de aquisição do conhecimento pela criança. De acordo com Deslandes (2006, p. 36), "o objeto de estudo piagetiano é, portanto, a construção do conhecimento a partir de sua gênese no sujeito cognoscente".

Jean Piaget

Na teoria sobre a construção do conhecimento concebida por Piaget, dois conceitos merecem destaque: a aprendizagem e o desenvolvimento. Segundo ele, a aprendizagem ocorre por meio da experiência, que pode ser adquirida de maneira sistematizada ou não. Já o desenvolvimento – responsável pela formação do conhecimento – é "a passagem de um estado de menor equilíbrio para um de maior equilíbrio; isto no campo da inteligência, da vida afetiva e também das relações sociais" (Quadros, 2009, p. 102).

Conforme Piaget (1977), o sujeito constrói o conhecimento por meio da interação de uma carga genética com o meio em que está inserida. O sujeito aprende com base em sua estrutura cognitiva. As relações entre a lógica e a aprendizagem permitem a compreensão e o uso de estratégias diante de objetos e novas formas de conhecimento, mas isso tudo depende do nível da atividade lógica de quem aprende.

O desenvolvimento cognitivo, que constitui a base da aprendizagem, ocorre por meio dos processos de assimilação e de acomodação.

A **assimilação** representa a ação do sujeito sobre o objeto, e a **acomodação** exprime a ação do objeto sobre o sujeito.

Nas palavras de Borges e Fagundes (2016, p. 246),

> a assimilação é a responsável por incorporar elementos exteriores (dados dos objetos, por exemplo) aos esquemas sensório-motores ou conceituais do sujeito. Já a acomodação é a responsável por criar ou alterar os esquemas de assimilação existentes. A assimilação permite, por exemplo, a identificação de propriedades de objetos a fim de organizá-los em classes. O processo de acomodação é o responsável pela incorporação dessas classes ao sistema conceitual do sujeito.

No processo de assimilação, o sujeito "recolhe" as informações do meio ambiente, faz uma seleção dos principais conteúdos, ou seja, processa a informação e a transforma em conhecimento. Esse processo é controlado pelas estruturas mentais. Já a acomodação ocorre quando "a organização mental se modifica para acomodar as informações assimiladas pelo sujeito" (Deslandes, 2006, p. 41).

Os processos de assimilação e acomodação não são antagônicos, mas complementares, perpassam toda a vida do sujeito e possibilitam um estado de adaptação intelectual.

Os aspectos da cognição, na visão piagetiana, referem-se à construção que se dá na interação entre o organismo e o meio; logo, não se trata de uma relação passiva que decorre da influência de um sobre o outro, mas do desenvolvimento ativo e do funcionamento das estruturas cognoscitivas em seus diferentes domínios, envolvendo, então, aspectos relacionados à memória, à atenção, à antecipação, entre outros.

A inadequação de estruturas cognitivas que se relacionam à construção e à apropriação do conhecimento gera dificuldades significativas; "a ideia básica de aprendizagem relaciona-se a um processo de construção, que se dá na interação permanente do sujeito com o meio que o cerca" (Weiss, 2012, p. 26).

Dessa maneira, é possível entender as inúmeras dificuldades que determinados alunos apresentam. Tal fato aponta para a necessidade de uma fundamentação consistente que considere a possibilidade que todo sujeito tem para aprender.

Ainda de acordo com Weiss (2012, p. 105), "dentro de uma perspectiva piagetiana, o conhecimento se constrói pela interação entre o sujeito e o meio, de modo que, do ponto de vista do sujeito, ele não pode aprender algo que esteja acima do seu nível de competência cognitiva, ou seja, seu nível de estrutura cognoscitiva".

Conforme a teoria piagetiana, o desenvolvimento cognitivo pode ocorrer em quatro estágios evolutivos e sequenciais do crescimento humano, que iniciam no nascimento e vão até a idade adulta. Esses estágios se desenvolvem gradualmente e variam de um sujeito para outro.

Segundo Quadros (2009, p. 106),

Os estágios são estruturas variáveis de organização dos processos mentais, sendo que se enfatizam quatro estágios principais: Estágio Sensório Motor (do nascimento até aproximadamente 18 a 24 meses), Estágio da Inteligência Intuitiva ou Pré-operacional (aproximadamente de 02 a 06 ou 07 anos), das Operações Concretas ou Operacional Concreto (de aproximadamente 07 até aproximadamente 11/12 anos), das Operações Intelectuais Abstratas ou Lógico, também chamado Estágio de Operações Formais (dos 12 anos em diante).

O autor alerta que "cada um destes períodos define um momento do desenvolvimento como um todo, ao longo do qual a criança vai construindo determinadas estruturas cognitivas" (Quadros, 2009, p. 106).

O estágio **sensório-motor** vai do nascimento aos 2 anos e é caracterizado pelo enriquecimento progressivo e pela diversificação. É o primeiro nível de elaboração de noções básicas, como espaço e tempo. É também marcado pela aquisição da função simbólica, que implica a capacidade de atuar sobre os objetos não só fisicamente, mas mentalmente, por meio de esquemas de ação representativos ou interiorizados.

De acordo com Lopes (1996), o bebê começa a construir esquemas de ação para assimilar mentalmente o meio. As noções de tempo e espaço são construídas pela ação – é uma inteligência essencialmente prática.

Nesse estágio, como esclarece Macedo (1994, p. 124), os esquemas vão "pouco a pouco, diferenciando-se e integrando-se, ao mesmo tempo em que o sujeito vai se separando dos objetos, podendo, por isso mesmo, interagir com eles de forma mais complexa".

O estágio do **pensamento pré-operatório** estende-se aproximadamente dos 2 aos 6 anos. Ele antecede as operações; a criança começa a falar e seu pensamento ganha uma nova característica, a capacidade de representar mental e verbalmente o mundo, mas seu pensamento ainda é centrado.

Macedo (1994) ressalta, contudo, que as atividades do período sensório-motor não foram abandonadas, apenas ficaram mais sofisticadas, pois se verifica que, nessa fase, há uma crescente melhoria da aprendizagem.

Nessa etapa, a criança é egocêntrica, pois não tem capacidade cognitiva de se colocar no lugar do outro; tudo para ela deve ter uma explicação – é a fase dos porquês –, não consegue discriminar os detalhes e deixa-se levar pela aparência.

O terceiro estágio, o **operatório concreto**, ocorre geralmente dos 6 aos 12 anos. A criança já não é tão egocêntrica, compreende regras e estabelece compromissos, e os conhecimentos construídos anteriormente vão se transformando em conceitos.

O quarto e último estágio, o **operatório formal**, começa por volta dos 12 anos e prossegue até a vida adulta. É nessa fase que acontece a maturação da inteligência do sujeito.

1.5.2
Sigmund Freud

Sigismund Schlomo Freud, médico neurologista, nasceu em Freiberg, na Áustria, no dia 6 de maio de 1856 e faleceu em Hampstead, no Reino Unido, em 23 de setembro de 1939. Ele é considerado o pai da psicanálise.

Saiba mais
Você sabe o que é psicanálise?

O termo *psicanálise* foi criado por Sigmund Freud, em 1896, para nomear um método particular de psicoterapia (ou tratamento pela fala) proveniente do processo catártico (catarse) de Josef Breuer e pautado na exploração do inconsciente, com a ajuda da associação livre, por parte do paciente, e da interpretação, por parte do psicanalista.

Por extensão, dá-se o nome de psicanálise:
1. ao tratamento conduzido de acordo com esse método;
2. à disciplina fundada por Freud (e somente a ela), na medida em que abrange um método terapêutico, uma organização clínica, uma técnica psicanalítica, um sistema de pensamento e uma modalidade de transmissão do saber (análise didática, supervisão) que se apoia na transferência e permite formar praticantes do inconsciente;
3. ao movimento psicanalítico, isto é, a uma escola de pensamento que engloba todas as correntes do freudismo.

(Roudinesco; Plon, 1998, p. 603)

Um dos objetos de estudo de Freud diz respeito à sexualidade infantil. Para o estudioso, as primeiras investigações realizadas pela criança são sexuais e servem para situá-la no mundo, colocá-la em seu lugar – o lugar sexual. Para ele, um momento importante na vida do sujeito é o da descoberta anatômica da diferença sexual.

Quadros (2009, p. 77), citando Kusnetzoff, esclarece que a sexualidade na psicanálise "tem pouco a ver com a genitalidade, já que está ligada a carinho, a afeto, à modalidade de relacionamento, ou seja, a significações".

Quanto à contribuição da psicanálise para a psicopedagogia, vamos destacar a resposta de Barone (1993) e Costa (2001) a esse questionamento.

De acordo com Barone (1993, p. 19), a psicanálise contribui para a psicopedagogia quando "inaugura um novo campo de investigação e também um outro ângulo de considerar o sujeito humano, que deverão levar o psicopedagogo a redimensionar sua prática de maneira a poder considerar a face desejante do aprendiz".

Sigmund Freud
Will Amaro

Costa (2001, p. 40) complementa que, "apoiada nos pressupostos da Psicanálise, a Psicopedagogia pode lidar com o sujeito aprendente e facilitar-lhe uma relação consciente de que questões desconhecidas estão implícitas no não aprender ou na modalidade de aprendizagem".

Na teoria psicanalítica freudiana, dois conceitos na relação de aprender e educar merecem destaque: a transferência e a sublimação. A **transferência** emerge como uma exigência intensa de amor, de atenção e de reconhecimento. Já a **sublimação** "é o processo através do qual a energia dirigida originalmente para propósitos sexuais ou agressivos é direcionada para outras finalidades, em geral para o trabalho, os esportes, lazer, enfim situações consideradas socialmente úteis" (Fadiman; Frager, citados por Quadros, 2009, p. 80).

Para Freud, a mente tem uma estrutura tripartite, que ele denomina *id*, *ego* e *superego*. O **id** – regido pelo princípio do prazer – tem o papel de descarregar as funções biológicas. Nesse sentido, busca a satisfação imediata, não tolera a frustração e evita a dor. O **ego** – regido pelo princípio da realidade – é o responsável pela estimulação que pode vir tanto da própria mente quanto do mundo exterior. Ele exerce o papel de controlador do comportamento do sujeito, bem como protege-o dos perigos. Já o **superego** – conduzido por normas sociais e regras – exerce um papel de vigilante das ações ou pensamentos contrários aos princípios morais.

As fases da sexualidade humana são ligadas ao desenvolvimento do id; diferenciam-se pelos órgãos que sentem prazer e pelos objetos ou seres que dão prazer e manifestam-se dos primeiros meses de vida aos 5 ou 6 anos. São elas: oral, anal, fálica, delatência e genital.

- Na **fase oral**, a boca é o principal órgão de exploração, que dá ao sujeito prazer e desejo. Assim, a criança fica satisfeita quando suga o peito materno, a mamadeira, a chupeta ou quando chupa os dedos.
- Na **fase anal**, o prazer e o desejo se localizam na excreção e nas fezes. As crianças ficam encantadas com brincadeiras que envolvam argila, barro, massinhas, bem como com comidas cremosas.
- Na **fase fálica**, o objeto de desejo e prazer se localiza essencialmente nos órgãos genitais ou nas regiões do corpo que os excitam. É nessa fase que a mãe é "desejada" pelos meninos, e o pai, pelas meninas.
- Na **fase de latência**, a criança ingressa na escola e transfere o impulso sexual para um plano secundário, em

virtude da prática de atividades pertinentes à leitura, à escrita e a tantas outras realizadas no ambiente escolar.

- Por fim, a **fase genital** perdura da puberdade até o envelhecimento. Há, por parte do sujeito, o amadurecimento dos interesses sexuais, seja para fins orgásticos, seja para procriação.

Em síntese, a psicanálise é a ciência que estuda o inconsciente humano. Considera-se que o homem é controlado pelo inconsciente. A questão central da psicanálise é a sexualidade e suas manifestações no comportamento do sujeito. As maiores contribuições de Freud para a área da educação estão no conhecimento do desenvolvimento sexual da criança e no papel da linguagem. Para o médico austríaco, as crianças deveriam receber uma educação sexual assim que demonstrassem interesse sobre o assunto.

1.5.3
Enrique Pichon-Rivière

Enrique Pichon-Rivière, médico psiquiatra e psicanalista, nasceu em Genebra, na Suíça, em 25 de junho de 1907 e morreu em Buenos Aires, na Argentina, em 16 de julho de 1977.

O objeto de investigação de Pichon-Rivière recai sobre três aspectos, que se integram sucessivamente: o indivíduo, o grupo e a instituição. Ele analisa o sujeito sob a ótica da psicologia social; o grupo, como estrutura, ele pesquisa por meio da análise sociodinâmica; e, mediante a análise institucional, ele investiga a instituição como um todo.

Fundador da Associação Psicanalítica Argentina (APA), iniciou seus trabalhos como psiquiatra de oligofrênicos no Asilo das Torres e, posteriormente, trabalhou durante 15 anos no Hospício das Mercedes, em Buenos Aires. Lá desenvolveu o grupo operativo, no qual, com a participação do corpo de enfermeiros, se discutia o caso dos pacientes.

Saiba mais

Você sabe o que é grupo operativo? Segundo Bastos (2010, p. 161), "a técnica de grupo operativo consiste em um trabalho com grupos, cujo objetivo é promover um processo de aprendizagem para os sujeitos envolvidos. Aprender em grupo significa uma leitura crítica da realidade, uma atitude investigadora, uma abertura para as dúvidas e para as novas inquietações".

É importante salientar que a prática psiquiátrica de Pichon-Rivière esteve respaldada pela psicanálise e pela psicologia social. Na opinião do autor, o processo grupal é caracterizado pela dialética e pelas contradições e seu objetivo primordial é analisar essas contradições.

De acordo com Pichon-Rivière (citado por Bastos, 2010, p. 161),

> o objeto de formação do profissional deve instrumentar o sujeito para uma prática de transformação de si, dos outros e do contexto em que estão inseridos. [Pichon-Rivière] Defende ainda a ideia de que aprendizagem é sinônimo de mudança, na medida em que deve haver uma relação dialética entre

sujeito e objeto e não uma visão unilateral, estereotipada e cristalizada.

Na perspectiva de Pichon-Rivière (1991, p. 65-66), o grupo é um conjunto restrito e pessoas ligadas entre si por constantes de tempo e espaço, articuladas por sua mútua representação interna, que se propõe de forma explícita ou implícita uma tarefa a qual constitui sua finalidade, interatuando através de complexos mecanismos de atribuição e assunção de papéis.

Lane (1989, p. 30) esclarece que a técnica desenvolvida por Pichon-Rivière visa a

uma análise sistemática das contradições que emergem no grupo, através da compreensão das ideologias inconscientes que geram a contradição e/ou estereótipos no processo da produção grupal. Para tanto, o grupo parte da análise de situações cotidianas para chegar à compreensão das pautas sociais internalizadas que organizam as formas concretas de interação, ou seja, das relações sociais e dos sujeitos inseridos nessas relações.

As contradições são produtos que aparecem no grupo como resultado das ideologias inconscientes de cada sujeito e que refletem nas relações entre os grupos.

Nesse sentido, na teoria pichoniana, o grupo é caracterizado como um conjunto limitado de pessoas articuladas que, durante um período de tempo e espaço, se propõem à elaboração de uma tarefa. Nesse processo, o sujeito é concebido como resultado de interações que se estabelecem entre indivíduos, grupos e classes. Essa interação dialética é denominada por Pichon-Rivière de *vínculo*.

Para Pichon-Rivière (1991), o **vínculo** é "uma estrutura complexa que inclui um sujeito, um objeto, e sua mútua inter-relação com os processos de comunicação e aprendizagem". Caracteriza-se por uma estrutura dinâmica que envolve o sujeito e o objeto.

No interior de um grupo, as relações são determinadas pelos papéis e pelas funções que cada sujeito exerce, e as ações individuais influenciam no funcionamento desse grupo.

1.5.4
Lev Vygotsky

Lev Semyonovich Vygotsky nasceu em Orsha, na Bielorrússia, em 17 de novembro de 1896 e morreu em Moscou, na Rússia, em 11 de junho de 1934. Foi um psicólogo cuja obra convergiu para o tema da criação da cultura. A corrente pedagógica que se originou de seu pensamento é chamada *socioconstrutivismo* ou *sociointeracionismo*.

De acordo com Drago e Rodrigues (2009, p. 50),

> A base dos estudos de Vygotsky foram crianças e jovens abandonados, órfãos ou pessoas que se perderam da família, que apresentavam doenças derivadas da desnutrição, deficientes, com distúrbios emocionais, transtornos de conduta, envolvidas em delinquência, dentre uma série de características decorrentes de um período intenso de instabilidade econômica, política, cultural e social pelo qual passou a Rússia na década de 1920 e que está associada tanto ao período que abrangeu a Primeira Guerra Mundial quanto à Revolução Russa e à Guerra Civil Russa.

Para Vygotsky, o homem é um ser social; é um sujeito dotado de história e cultura que, por meio da interação com o outro, apropria-se dos instrumentos culturais aos quais tem acesso e que produz e reproduz a realidade social na qual está inserido.

Lev Vygotsky

Na concepção de Vygotsky, "o aprendizado conduz ao desenvolvimento, já vista que o comportamento humano funciona como uma superação / transformação / suscitação constante de aprendizado e desenvolvimento durante toda a sua existência" (Drago; Rodrigues, 2009, p. 54)

Na teoria vygotskyana, a linguagem é um instrumento social entre o eu e o outro. É o ponto de partida para o aprendizado e o desenvolvimento. A respeito da educação, Vygotsky (2001, p. 70) explica que "não existe nada de passivo, de inativo. Até as coisas mortas, quando se incorporam ao círculo da educação, quando se lhes atribui papel educativo, adquirem caráter ativo e se tornam participantes ativos desse processo". A aprendizagem dos alunos vai sendo construída mediante a relação do indivíduo com seu ambiente sociocultural e com o suporte de outros indivíduos mais experientes.

Martins (2006, p. 49) esclarece que, para Vygotsky, "a educação é a influência premeditada, organizada e prolongada no desenvolvimento de um organismo". Assim, a educação deve ter por objetivo possibilitar ao sujeito apropriar-se de sua cultura e construir sua história.

Dois conceitos se destacam na teoria de Vygotsky: a internalização e a zona de desenvolvimento proximal.

A **internalização** é um processo de transformação pelo qual os sujeitos reconstroem de maneira própria as significações fornecidas pela cultura. O sujeito absorve o conhecimento proveniente do contexto no qual está inserido. Nesse caso, o desenvolvimento procede de fora para dentro.

A **zona de desenvolvimento proximal** diz respeito ao conjunto de habilidades nas quais a criança pode ter sucesso se assistida por um adulto ou alguém mais experiente. É nessa região que estão as habilidades ainda em desenvolvimento no sujeito.

Conforme Vygotsky, é preciso considerar dois níveis de desenvolvimento:

1. a zona de desenvolvimento real, que corresponde às funções psíquicas sobre as quais o sujeito já tem domínio (é nessa região que as habilidades se manifestam e os testes podem ser explorados);
2. a zona de desenvolvimento potencial, que corresponde ao desenvolvimento que ainda está para se efetivar, ou seja, que não é parte do repertório próprio da criança, mas está voltado para seu futuro. A ampliação da zona de desenvolvimento potencial ocorre à medida que acontece uma intencionalidade para realizá-la, ou seja, por meio da aprendizagem.

Figura 1.2 – Zona de desenvolvimento proximal

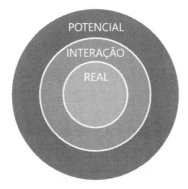

O desenvolvimento só se efetiva no meio social e é nele que a criança realiza a apropriação dos comportamentos humanos. Assim, a aprendizagem na escola ou na vida cotidiana atua no sentido de favorecer o desenvolvimento potencial.

Para Vygotsky, é necessário intervir nos processos de desenvolvimento da criança de maneira significativa, a fim de auxiliá-la a ultrapassar as dificuldades cognitivas que porventura surjam em seu processo de aprendizagem.

Síntese

Neste capítulo, abordamos os significados atribuídos à psicopedagogia, cuja definição etimológica remete a duas grandes áreas do conhecimento: a psicologia e a pedagogia.

Explicamos como, a partir de 1980, a psicopedagogia começou a se estruturar como uma profissão à parte no Brasil, constituindo-se, na atualidade, como a área de estudo que se preocupa em investigar a maneira como o sujeito constrói seu conhecimento.

A psicopedagogia estuda as formas como o sujeito aprende e de que maneira essa aprendizagem ocorre, bem como os fatores que provocam as alterações no ato de aprender, a fim de preveni-las e tratá-las. Contribui para a sociedade de maneira ampla e abrangente, com um campo de atuação que envolve escolas, famílias e organizações.

Na sequência, tratamos das bases epistemológicas da psicopedagogia e mostramos que é preciso haver uma interação entre o sujeito – aquele que conhece –, o conhecimento propriamente dito e a produção do conhecimento.

Por fim, apresentamos alguns teóricos que contribuíram para os estudos psicopedagógicos: Jorge Visca (epistemologia convergente); Jean Piaget (epistemologia genética); Enrique Pichon-Rivière (pedagogia social); Sigmund Freud (psicanálise); e Lev Vygotsky (socioconstrutivismo ou sociointeracionismo).

Atividades de autoavaliação

1. A respeito da psicopedagogia, podemos afirmar:
    I) É uma área de estudo multidisciplinar com o objetivo de investigar o ser que conhece e a maneira como ele produz conhecimento.
    II) Ocupa-se de compreender o sujeito como ser cognoscente.
    III) Estuda as formas como o sujeito aprende e de que maneira essa aprendizagem ocorre, bem como os fatores que provocam as alterações no ato de aprender, a fim de preveni-las e tratá-la.
    IV) É uma área de estudo que tem por objetivo a formação de professores para atuar na educação infantil.

Agora, assinale a alternativa correta:
a) Somente as afirmações I, II e III estão corretas.
b) Somente as afirmações II e III estão corretas.
c) As afirmações I e IV estão incorretas.
d) As afirmações I, II e IV estão corretas.

2. Com relação às bases epistemológicas da psicopedagogia, uma explicação é dada por Jorge Visca, um dos primeiros psicopedagogos a propor uma epistemologia para a psicopedagogia, denominada por ele de:
a) epistemologia concêntrica.
b) epistemologia da complexidade.
c) epistemologia convergente.
d) epistemologia genética.

3. Relacione os campos de estudo listados a seguir com as informações apresentadas na sequência:
1) Epistemologia convergente
2) Epistemologia genética
3) Psicologia social
4) Psicanálise

( ) Tem por intuito entender de que maneira o sujeito constrói conhecimentos, bem como compreender as etapas do desenvolvimento humano ao longo da vida.
( ) Os seres humanos são motivados por instintos e impulsos inconscientes que não estão disponíveis na parte racional e consciente da mente, ou seja, a base do estudo psicanalítico é o inconsciente.

( ) Estuda o sujeito como produto de relações mútuas e constantes com o outro e com a sociedade.

( ) O diagnóstico psicopedagógico precisa convergir a partir da compreensão dos aspectos afetivos, cognitivos e do meio, que confluem no aprender do ser humano.

Agora, assinale a sequência correta:

a) 1, 3, 4, 2.
b) 2, 4, 3, 1.
c) 3, 2, 4, 1.
d) 4, 2, 1, 3.

4. Analise se as afirmações a seguir são verdadeiras (V) ou falsas (F).

( ) O objeto de estudo da psicopedagogia deve ser compreendido sob dois enfoques: o preventivo e o terapêutico.

( ) A aprendizagem é o foco de estudo da psicopedagogia.

( ) A psicopedagogia não se preocupa em entender os fatores que provocam as alterações no ato de aprender.

( ) A psicopedagogia estuda as formas como o sujeito aprende e de que maneira essa aprendizagem ocorre.

( ) O ato de aprender é constituído pela integração de dados oferecidos pelo meio e de dados construídos pelo sujeito aprendiz.

Agora, assinale a sequência correta:

a) V, V, V, V, V.
b) V, F, F, V, V.
c) F, V, V, V, F.
d) V, V, F, V, V.

5. Relacione as colunas.

1) Epistemologia genética ( ) Jorge Visca.
2) Epistemologia ( ) Enrique Pichon-Rivière.
   convergente ( ) Jean Piaget.
3) Psicanálise ( ) Sigmund Freud.
4) Psicologia social

Agora, assinale a sequência correta:

a) 2, 1, 4, 3.
b) 2, 4, 1, 3.
c) 1, 3, 4, 2.
d) 1, 2, 3, 4.

Atividades de aprendizagem

Questões para reflexão

1. Piaget e Vygotsky atestam que a capacidade de aprender se constrói mediante trocas estabelecidas entre o sujeito e o meio. Será que isso significa que o ser humano se desenvolve naturalmente sem precisar estabelecer relações com o outro e com o meio ou que a inteligência se aprimora sem necessariamente precisar do contato com o mundo? Explique o que você entendeu a esse respeito.

2. Reflita sobre o que significa a aprendizagem conforme o entendimento de Nádia Bossa (2000, p. 21), explicitado a seguir. Depois, escreva um comentário para sintetizar suas conclusões.

> A aprendizagem, afinal, é responsável pela inserção da pessoa no mundo da cultura. Mediante a aprendizagem, o indivíduo se incorpora ao mundo cultural com uma participação ativa, ao se apropriar de conhecimentos e técnicas, construindo em sua interioridade um universo de representações simbólicas.

Atividade aplicada: prática

1. Como você pôde perceber, para que a psicopedagogia tivesse o destaque que atualmente tem, houve a contribuição de vários estudiosos, entre eles Piaget, Freud, Vygotsky e Pichon-Rivière. Selecione três dos teóricos citados no capítulo e elabore um fichamento sobre o desenvolvimento humano em suas concepções.

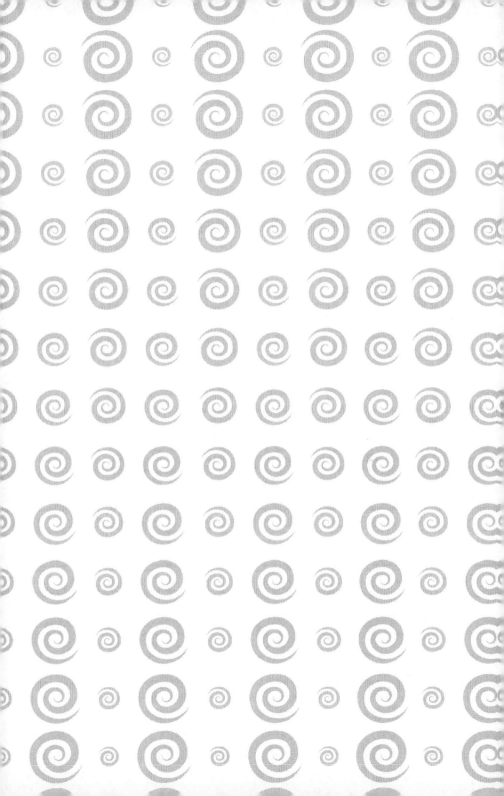

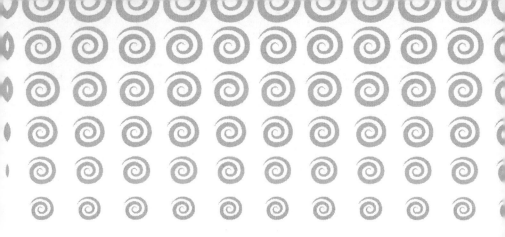

2
Trajetória histórica da psicopedagogia

Neste capítulo, apresentamos a trajetória histórica da psicopedagogia, desde seu surgimento, na Europa, passando pelas principais correntes teóricas que a embasaram nos Estados Unidos e na Argentina, até sua chegada ao Brasil.

2.1
O surgimento da psicopedagogia

O interesse em compreender os problemas que interferem na aprendizagem não é recente. Segundo Mery (1985), a busca por compreender e atender pessoas com deficiências sensoriais e mentais remonta ao século XIX, quando pesquisadores como Itard, Séguin, Pereira e Pestalozzi[1] se dedicaram a investigar crianças que apresentavam problemas de aprendizagem decorrentes de algum distúrbio.

Mery (1985) menciona que a primeira iniciativa no campo da reeducação de crianças com retardo mental foi realizada em 1898 pelo professor de Psicologia Édouard Claparède e pelo neurologista François Neville. Entretanto, as consultas médico-pedagógicas que tinham por intuito o encaminhamento de crianças para as classes especiais só ocorreram no século XX, mais precisamente nos anos de 1904 e 1908,

• • • • •
1   O médico francês Jean Itard (1774-1838) ficou conhecido pela elaboração de um programa educativo para uma criança de hábitos selvagens encontrada na floresta de l'Aveyron, batizada por ele de Victor. Posteriormente, dedicou-se à educação de jovens surdos. Também francês, o médico Edouard Séguin (1812-1880) julgava que o idiotismo resultava de perturbações no desenvolvimento mental. Ocupou-se da educação de crianças com deficiência mental e procurou sistematizar uma proposta educacional que atendesse às particularidades delas. Jacob Rodrigues Pereira (1715-1780) foi o primeiro educador de crianças surdas na França. Ele acreditava que, apesar da utilização de gestos, os surdos deveriam ser oralizados. O educador suíço Johann Heinrich Pestalozzi (1756-1827) pregava que a escola deveria ser a extensão do lar das crianças (Lancillotti, 2012).

realizadas pelo educador Edouard Séguin e pelo psiquiatra Jean-Étienne Esquirol. A partir disso, a neuropsiquiatria infantil direcionou seus atendimentos também aos problemas neurológicos que comprometiam a aprendizagem.

Outros pesquisadores que merecem destaque nesse período são a psiquiatra italiana Maria Montessori, que criou um método destinado à aprendizagem de crianças que apresentavam retardo mental e que, posteriormente, foi estendido a outras crianças, e o psiquiatra Jean-Ovide Decroly, cujo objeto de estudo foi a educação infantil. Ele usou técnicas de observação e filmagem para investigar as situações de aprendizagem vivenciadas pelas crianças. Seus métodos obtiveram tanto sucesso que até hoje são utilizados em várias escolas.

A psicopedagogia surgiu na fronteira entre as áreas da saúde e da educação. Bossa (2000, p. 19) afirma que, como produção do conhecimento, ela "nasceu da necessidade de uma melhor compreensão do processo de aprendizagem". A preocupação reside na maneira como o aprendiz lida com as facilidades e as dificuldades no aprender e como desenvolve conhecimento. A princípio, a psicopedagogia esteve ligada à medicina e à psicologia. Além de pedagogos, os centros psicopedagógicos contavam com médicos, psicólogos e psicanalistas.

Barbosa (2007, p. 91) explica que a psicopedagogia

> nasceu como uma área que possuía a missão de superar a "compartimentalização" do aprendiz, da sua forma de lidar com as facilidades e dificuldades para aprender e do conhecimento a ser aprendido. No seu trajeto, no entanto, não conseguiu evitar a contaminação pelo que já estava posto, pelas ciências que já possuíam seu estatuto estabelecido como tal, como a medicina, por exemplo.

Atualmente, ainda é comum os consultórios de psicopedagogia receberem crianças que apresentam problemas escolares e que já foram examinadas por médicos. Elas vêm por indicação da família ou da própria escola.

Outro fato destacado por Barbosa diz respeito aos instrumentos utilizados pela psicopedagogia. A autora relata que "como um irmão menor, chegando em uma família, a psicopedagogia passou a fazer suas inserções usando instrumentos construídos por outras áreas do conhecimento, mas regidos pelo paradigma da disjunção, aquele que deveria ser superado na história humana, no momento de seu surgimento" (Barbosa, 2007, p. 91).

Desde seu surgimento, a psicopedagogia buscou um campo de atuação próprio, bem como tentou construir seus instrumentos com foco no objeto de estudo.

Ainda de acordo com Barbosa (2007, p. 21),

> Inicialmente, a Psicopedagogia teve como objeto de estudo a Dificuldade de Aprendizagem, vista como doença do aprendiz; a seguir, seu objeto passou a ser a Dificuldade de Aprendizagem como parte do processo de aprender, cujas causas poderiam estar fora ou dentro do sujeito; posteriormente, seu objeto começou a ficar mais delineado e passou a ser caracterizado como a Aprendizagem e os Transtornos que podem ocorrer em seu processo. Somente na década de 1990, o objeto de estudo da Psicopedagogia começa a perder a doença, a dificuldade e os transtornos como foco principal, passando a ser caracterizado como o Sujeito capaz de conhecer e aprender, assim como seu processo de aprender.

Como é possível perceber que a psicopedagogia, em busca de aprimoramentos, percorreu um longo caminho até chegar ao século XXI. Mas esse é um assunto do qual trataremos mais adiante.

Para saiber mais

Para aprofundar seus conhecimentos sobre a história da psicopedagogia, sugerimos a leitura do seguinte texto:

COSTA, A. A.; PINTO, T. M. G.; ANDRADE, M. S. de. Análise histórica do surgimento da psicopedagogia no Brasil. **Id on Line Revista Multidisciplinar e de Psicologia**, n. 20, ano 7, p. 10-21, jul. 2013. Disponível em: <https://idonline.emnuvens.com.br/id/article/view/234>. Acesso em: 30 maio 2018.

2.2
A psicopedagogia na Europa

A Europa é o berço da psicopedagogia, pois lá surgiram os primeiros centros de orientação educacional infantil, cujas equipes de atendimento eram compostas de médicos, psicólogos, educadores e assistentes sociais.

De acordo com a Universitat de Barcelona (Uniba, 2015), o termo *psicopedagogia* (*psico-pédagogie*) foi mencionado pela primeira vez em uma publicação em 1908, no livro *Essais de pédologie générale*, de G. Persigout. Posteriormente, o termo foi usado, ainda de forma restrita, pelo professor U. Querton, na Universidade de Bruxelas.

Em 1911, Emilio Galli publicou em Milão (Itália) um artigo intitulado *L'esame psicopedagogico di idoneità nell'Istituto S. Vincenzo per l'Educazione dei Deficienti* (O exame psicopedagógico de adequação no Instituto São Vicente para a Educação de Deficientes), no qual descreve os passos para a realização de um exame psicopedagógico e menciona, pela primeira vez, que o profissional responsável pela aplicação desses exames é denominado *psicopedagogo*.

Na Espanha, apesar de, em 1905, o Museu Pedagógico contar, em suas instalações, com ambientes para atendimentos psicológicos e pedagógicos, somente em 1914, em Barcelona, no trabalho da pedagoga Francisca Rovira intitulado *Nuevo tratamiento de la sordera* (Novo tratamento da surdez), o termo *psicopedagogia* aparece. Nesse mesmo ano, merece destaque o trabalho *Diagnóstico de niños anormales* (Diagnóstico de crianças anormais), da autoria de Anselmo González.

Apesar de a expressão *pädagogische psychologie* (psicologia pedagógica) ter sido utilizada na Alemanha na última década do século XIX, somente em 1933 foi publicado o primeiro texto que tratava de *psychologisch-pädagogisches* (com a inversão da ordem das palavras e o acréscimo de um hífen), o qual foi dedicado à surdez.

Na década de 1930, na Europa, houve movimentos de renovação pedagógica, reeducação de crianças, educação especial para deficientes e orientação psicopedagógica que buscavam a sistematização e a consolidação da psicopedagogia.

Entretanto, esses movimentos foram prejudicados pela eclosão da Segunda Guerra Mundial.

Não obstante as contribuições dos pesquisadores italianos, belgas e alemães, foram os franceses que impactaram os estudos da psicopedagogia na Europa. Na França, em 1946, foram fundados por Juliette Favez-Boutonier e George Mauco os primeiros centros psicopedagógicos, os quais articulavam medicina, psicologia, psicanálise e pedagogia e tinham por objetivo readaptar crianças que apresentavam comportamentos considerados inadequados na escola e em casa, bem como prestar atendimento às que tinham dificuldades de aprendizagem.

Diante do exposto, não é raro encontrar na literatura a informação de que a França foi o país precursor da psicopedagogia no velho continente. Isso pode ser confirmado na obra de Bossa (2000, p. 37), segundo a qual, na literatura francesa,

> encontram-se, entre outros, os trabalhos de Janine Mery, a psicopedagoga francesa que apresenta algumas considerações sobre o termo psicopedagogia e sobre a origem dessas ideias na Europa, e os trabalhos de George Mauco, fundador do primeiro centro médico psicopedagógico na França (do qual se tem notícia na literatura) onde se percebeu as primeiras tentativas de articulação entre Medicina, Psicologia, Psicanálise e Pedagogia, na solução dos problemas de comportamento e de aprendizagem.

Mery (1985) afirma que, desde a criação do primeiro centro psicopedagógico, instalado em Paris, até os centros implantados posteriormente, houve duplo direcionamento: médico e pedagógico.

De acordo com Pöttker e Leonardo (2014, p. 87),

os primeiros passos da Psicopedagogia foram dados nos séculos XIX e XX na França, denominando-se "Pedagogia Curativa", por influência de Janine Mery e George Mauco. Surgiu com o intuito de curar os problemas da educação advindos das transformações decorrentes da Revolução Industrial e da Revolução Francesa.

Saiba mais

Pedagogia curativa era o termo utilizado para caracterizar o atendimento terapêutico – pedagógico e psicológico – ofertado a crianças que apresentavam fracasso escolar.

A pedagogia curativa praticada no Centro de Psicopedagogia de Estrasburgo (França) poderia ser realizada individualmente ou em grupos, sendo entendida como um método que favorecia "a readaptação pedagógica do aluno, uma vez que pretendia tanto auxiliar o sujeito a adquirir conhecimentos, como também desenvolver a sua personalidade" (Bossa, 2000, p. 39).

2.3
A psicopedagogia nas Américas

Nos Estados Unidos, a preocupação com crianças que apresentam dificuldades de aprendizagem se manifestou por volta da década de 1930, com o surgimento dos primeiros centros de reeducação para atendimento a delinquentes juvenis. Em 1931, a educação especial é incluída nas escolas e, em 1941, são organizadas as primeiras associações de pais de crianças que apresentam dificuldades de aprendizagem, especialmente na área da linguagem escrita. Houve, nesse período, um aumento significativo de escolas particulares para o atendimento de crianças classificadas como portadoras de aprendizagem lenta.

É importante salientar que se enfatizavam os aspectos médicos, ou seja, as dificuldades de aprendizagem eram analisadas sob um viés apenas biológico.

No que se refere à América Latina, cabe observar que a Argentina foi pioneira no continente – e influenciou sobremaneira a prática psicopedagógica no Brasil.

A psicopedagogia argentina é influenciada pela literatura francesa. Segundo Bossa (2000), entre os autores franceses que marcaram a psicopedagogia nesse país, podemos citar Jacques Lacan, que contribuiu com a psicanálise estruturalista e a instauração do simbólico no campo da linguagem; Françoise Dolto, psicanalista especialista no trabalho com crianças; Maud Mannoni, psicanalista que fundou a Escola Experimental de Bonneuil-sur-Marne; Julian de Ajuriaguerra, psiquiatra especialista em distúrbios da psicomotricidade e da linguagem; Janine Mery, que, por meio da expressão *psicopedagogia curativa* e sua ação terapêutica, propôs a relação dos conhecimentos da pedagogia com os da psicologia no tratamento de crianças que apresentam fracasso escolar; Maurice Debesse, que também utilizou a pedagogia curativa como terapia no atendimento a crianças e adolescentes desadaptados; e Enrique Pichon-Rivière, precursor da psicologia social.

Na prática, as atividades psicopedagógicas na Argentina iniciaram-se antes do surgimento da graduação em Psicopedagogia. Profissionais que tinham outra formação sentiram a necessidade de ocupar um espaço que nem o psicólogo nem o pedagogo davam conta de ocupar e, assim, começaram a reeducação com o objetivo de sanar os fracassos escolares.

Nas palavras de Bossa (2000, p. 40), nesse período, "trabalhavam-se as funções egoicas, tais como memória, percepção, atenção, motricidade e pensamento, medindo-se os déficits e elaborando planos de tratamento que objetivavam vencer estas faltas".

De acordo com Renault (2006), a profissão de psicopedagogo surgiu na Argentina em 2 de maio de 1956, na Universidade de Salvador. Pöttker e Leonardo (2014, p. 87) assim relatam:

> No ano de 1956, foi fundada, em Buenos Aires, a primeira faculdade de Psicopedagogia. Por volta de 1970, foram criados, em Buenos Aires, os Centros de Saúde Mental, onde equipes de psicopedagogos atuavam, fazendo diagnóstico e tratamento. Isso acarretou uma mudança na abordagem da psicopedagogia argentina, que de reeducação passou a ter caráter clínico.

A partir de então, o olhar e a escuta clínica passaram a fazer parte da rotina de trabalho dos psicopedagogos na Argentina.

A história da psicopedagogia argentina é marcada por três períodos distintos. O primeiro foi de 1956 a 1961 e enfatizava a "formação filosófica e psicológica, incluindo fundamentos da Biologia e uma área específica, que era a psicopedagogia, pois havia como pré-requisito, o título de docente, ou seja, diploma da Escola Normal" (Bossa, 2000, p. 41).

O segundo se desenvolveu entre 1963 e 1969. A formação do psicopedagogo foi influenciada pela psicopedagogia experimental, a qual procurou capacitar esse profissional na medição das funções cognitivas e afetivas. O curso da Escola Normal (extinta em 1969) foi acrescido de mais um ano e o currículo foi alterado com a inclusão de disciplinas básicas, a fim habilitar os profissionais que pretendiam obter o título de psicopedagogo.

O terceiro momento se iniciou após 1978, em que a integralização do curso de graduação de Psicopedagogia passou a ter duração de cinco anos e foram incluídas disciplinas que possibilitam a atuação em clínicas psicopedagógicas e de função terapêutica.

Bossa (2000) menciona que, na Argentina, a atuação psicopedagógica é efetivada praticamente em duas áreas: educação e saúde. Na área educativa, o psicopedagogo coopera para a diminuição do fracasso escolar, em relação tanto ao sujeito quanto à instituição. Assim, presta assessoria aos pais, aos professores e aos gestores educacionais e auxilia na elaboração dos planos de recreação, propondo atividades que desenvolvam a criatividade, o juízo crítico e a cooperação entre os alunos. Nas instituições educativas, o psicopedagogo atua ainda com orientação vocacional.

Na área da saúde, o psicopedagogo atende em consultórios particulares e instituições de saúde, hospitais públicos e particulares.

Sua função é reconhecer e atuar sobre as alterações da aprendizagem sistemática e/ou assistemática. Procura-se reconhecer as alterações da aprendizagem sistemática, utilizando-se diagnóstico na identificação dos múltiplos geradores desse problema e, fundamentalmente, busca-se descobrir como o sujeito aprende. (Bossa, 2000, p. 42)

Para a produção de diagnósticos, os psicopedagogos realizam vários testes, tais como provas de inteligência, provas de nível de pensamento, avaliação do nível pedagógico, avaliação perceptomotora, testes projetivos, testes psicomotores e hora do jogo psicopedagógico. Esses testes permitem ao profissional conhecer o paciente e sua problemática.

2.3.1
A psicopedagogia no Brasil

Apesar da influência francesa, foram os argentinos que mais contribuíram para a psicopedagogia brasileira, com destaque para os trabalhos de Sara Paín, Jacob Feldmann, Ana Maria Muniz e Jorge Visca.

Quem mais difundiu a práxis no Brasil foi Jorge Visca. Além de ministrar aulas em várias cidades – como Porto Alegre, Itajaí, Joinville e Maringá –, ele implantou Centros de Estudos Psicopedagógicos em São Paulo, Campinas, Salvador e Curitiba. Nesta última, fundou uma clínica comunitária para tratar de problemas de aprendizagem.

Jorge Visca criou a epistemologia convergente, uma corrente teórica que propõe um trabalho para a aprendizagem integrando a **psicogenética de Jean Piaget**, para quem nenhum sujeito aprende além do que sua estrutura cognitiva lhe permite; a **escola psicanalítica de Freud**, segundo a qual dois sujeitos com níveis cognitivos iguais, mas investimentos afetivos diferentes em relação a um objeto, aprenderão de maneira distinta; e a **psicologia social de Pichon-Rivière**, a qual proclama que, se houver similaridade entre o cognitivo e o afetivo em sujeitos de diferentes culturas, suas aprendizagens em relação a um mesmo objeto serão distintas, em virtude das influências que recebem de seus meios socioculturais (Visca, 1991).

França (2001, p. 101) apresenta a seguinte síntese:

> Visca propõe o trabalho com a aprendizagem utilizando-se de uma confluência dos achados teóricos da escola de Genebra, em que o principal objeto de estudo são os níveis de inteligência, com as teorizações da psicanálise sobre as manifestações emocionais que representam seu interesse predominante. A esta confluência, junta, também, as proposições da psicologia social de Pichon-Rivière, mormente porque a aprendizagem escolar, além do lidar com o cognitivo e com o emocional, lida também com relações interpessoais vivenciadas em grupos sociais específicos.

O aspecto que motivou o surgimento da psicopedagogia no país, tal qual em outros lugares, foi o fracasso escolar. Nas décadas de 1970 e 1980, o índice de crianças que apresentavam dificuldades de aprendizagem era muito alto e não havia profissionais capacitados nas escolas para atender a essa demanda, porque o pedagogo não dava conta de resolver essa carência.

Os problemas de aprendizagem eram atribuídos a fatores orgânicos associados a uma disfunção neurológica – disfunção cerebral mínima (DCM). Dessa maneira, os problemas sociopedagógicos eram mascarados. A partir de 1970, iniciaram-se os cursos de formação em Psicopedagogia em clínicas médico-pedagógicas. Os cursos eram ofertados em nível de especialização com duração de dois anos – como na Clínica Médico-Pedagógica de Porto Alegre.

A prática de atribuir os problemas da aprendizagem a fatores orgânicos não mudou com o passar do tempo. Hoje, ainda é muito comum os psicopedagogos receberem em seus consultórios "crianças que já foram examinadas por um médico, por indicação da escola ou mesmo por iniciativa da família", por causa de dificuldades na escola (Bossa, 2000, p. 50).

Na década de 1980, a psicopedagogia se consolidou com a criação da Escola Guatemala no Rio de Janeiro, que realizava um trabalho de ação preventiva com o professor a fim de entender as dificuldades que ocasionavam os problemas de aprendizagem. Bossa (2000) esclarece que, nessa época, a preocupação se centrava mais nas deficiências que geravam os problemas de aprendizagem.

Pöttker e Leonardo (2014, p. 88) acrescentam que, nessa década, "surge a Associação de Psicopedagogia de São Paulo, a partir dos questionamentos a respeito do perfil profissional dos psicopedagogos e da necessidade de definições de suas funções, que começavam a aparecer nas primeiras turmas de alunos do Instituto Sedes Sapientiae".

Em 1984, foi criada a Associação Paulista de Psicopedagogia e, no mesmo ano, ocorreu em São Paulo o I Encontro de Psicopedagogos, cujo tema foi "Experiências e perspectivas do trabalho psicopedagógico na realidade brasileira".

Foi proposta, então, a criação da Associação Brasileira de Psicopedagogia (ABPp), implantada em 1985.

A ABPp, a fim de aprimorar o debate sobre a psicopedagogia, ofertava vários cursos, palestras e conferências com a participação de áreas distintas, como pedagogia, psicologia, psiquiatria e neurologia, pois reconhecia que, na atuação psicopedagógica, havia a necessidade de conhecimentos multidisciplinares.

Em 1986, foi fundada a ABPp do Rio Grande do Sul. No mesmo ano, em São Paulo, aconteceu o II Encontro de Psicopedagogos, que teve como tema "Psicopedagogia: o caráter interdisciplinar na formação e atuação profissional" e contou com a participação de profissionais de diversas áreas que buscavam refletir sobre os problemas de aprendizagem.

Em seguida, criaram-se associações de psicopedagogia em vários estados brasileiros e, em 1988, realizou-se a edição I Congresso e III Encontro de Psicopedagogos, com o objetivo de delinear o campo de estudo e de atuação do psicopedagogo.

Em 1990, ocorreu o IV Encontro de Psicopedagogia, para debater sobre o documento elaborado pela ABPp a respeito do tema "Identidade profissional do psicopedagogo e os objetivos da psicopedagogia".

Dois anos depois, em 1992, aconteceu o II Congresso e V Encontro de Psicopedagogos, cujo tema foi "A práxis psicopedagógica na realidade educacional brasileira", evento no qual se enfatizou a psicopedagogia como uma práxis transformadora no ambiente escolar, pois possibilita aos alunos melhoria na aprendizagem, especialmente no auxílio e no tratamento daqueles que apresentam dificuldades e problemas no aprender.

Em 1994, o III Congresso teve como temática principal a regulamentação da profissão. Assim, contou com a presença de vários institutos e universidades que reconheceram a necessidade de se pensar sobre o assunto.

No IV Congresso Brasileiro de Psicopedagogia e VII Encontro de Psicopedagogos, em 1996, foi apresentado um documento intitulado "A regulamentação da profissão assegurando o reconhecimento do psicopedagogo", o qual foi encaminhado, como um projeto, à Câmara dos Deputados Federais, no segundo semestre do mesmo ano, pelo Deputado Barbosa Neto. Esse projeto foi votado em 14 de maio de 1997 e aprovado pela Primeira Comissão do Trabalho.

2.4
Psicopedagogia: limites e possibilidades no limiar do século XXI

A psicopedagogia tem por objeto de estudo a aprendizagem e visa conhecer o ser aprendente e aquele que produz conhecimento. Dessa maneira, busca compreender o sujeito em sua totalidade, ou seja, neste despertar de século, a psicopedagogia procura "induzir" o outro a conhecer o que é conhecer.

Para isso, é preciso auxiliar o sujeito que apresenta dificuldades de aprendizagem a se apropriar do conhecimento, de modo sentido que ele ultrapasse o "simples repasse da informação, é preciso se reorganizar, superando o **aprender**, que tem se resumido em processo de memorização, na direção do **apreender**, segurar, apropriar, **agarrar**, prender, pegar, assimilar mentalmente, entender e compreender" (Anastasiou, 2015, p. 14, grifo do original).

> **Saiba mais**
>
> A apropriação é "o modo pelo qual é possível ao indivíduo compreender a realidade, podendo-se incluir na percepção humana toda a subjetividade e a mística presentes no mundo do imaginário". O ato de conhecer "não acontece da noite para o dia. É um processo longo em direção à descoberta da essência das coisas, nem sempre visíveis no mundo real" (Seabra, 2001, p. 14).

De acordo com Bossa (2000), no vocábulo *psicopedagogia*, estão implícitas três conotações: prática, campo de investigação do ato de aprender e saber científico.

Como **atividade prática**, a psicopedagogia recorre às técnicas de intervenção no tratamento das dificuldades de aprendizagem para conhecer profundamente as causas do problema, a fim de encontrar a forma adequada para sua resolução, pois sua prática deve se dar sempre num enfoque preventivo.

Sampaio (2011, p. 3) explica que a psicopedagogia

> estuda o processo de aprendizagem e suas dificuldades, tendo um caráter preventivo e terapêutico. Preventivamente deve atuar não só no âmbito escolar, mas alcançar a família e comunidade, esclarecendo sobre as diferentes etapas do desenvolvimento, para que possam compreender e entender suas

características evitando assim cobranças de atitudes ou pensamentos que não são próprios da idade. Terapeuticamente, deve identificar, analisar, planejar, intervir, através das etapas de diagnóstico e tratamento.

É importante ressaltar que a psicopedagogia, em sua concepção, tem uma configuração clínica, mas sua prática deve ter um enfoque preventivo, considerando as singularidades do processo a ser investigado. Nesse sentido, o psicopedagogo deve recorrer a avaliações e intervenções, as quais são comuns no trabalho clínico e no institucional.

Ainda conforme Bossa (2000), no Brasil, se, a princípio, a psicopedagogia esteve voltada para atender as crianças com dificuldades de aprendizagem em um contexto clínico, atualmente, ela contribui para a prevenção das dificuldades de aprendizagem, bem como para o desenvolvimento de programas que visam à integração dessas crianças.

Como **campo de investigação**, é preciso salientar que a ação psicopedagógica não é um produto pronto e acabado. É um campo de atuação em construção, sustentado por diversas teorias de outras áreas do conhecimento, como a psicologia, a pedagogia, a neurologia, a neurociência, entre outras que "potencializem possibilidades singulares de cada pessoa, oferecendo-lhe espaços em que possa realizar experiências com ensinantes que favoreçam esse processo" (Fernández, 2001a, p. 22).

Como **campo do saber científico**, a psicopedagogia, apesar de trabalhar interdisciplinarmente, isto é, estudar o processo e as dificuldades de aprendizagem sob a ótica de várias áreas do conhecimento, com o passar os anos, busca sistematizar um corpo teórico próprio, sustentado em referenciais que tenham clareza do objeto de estudo e da delimitação do campo de atuação. Assim, várias publicações acadêmicas podem ser encontradas, tais como dissertações, teses, artigos científicos e outras publicações *on-line*, resultantes de debates organizados pela ABPp, todos com o intuito de fundamentar uma práxis psicopedagógica.

Se, até a década de 1990, a psicopedagogia tinha como foco a doença, as dificuldades e os transtornos, mais tarde, o enfoque recaiu sobre o sujeito que é capaz de conhecer e aprender e a maneira como se dá seu processo de aprendizagem. Atualmente, o objeto de estudo da psicopedagogia é entender o sujeito como um ser cognoscente (Barbosa, 2007).

Nesse contexto, são oportunas as palavras de Santos (2000, p. 41-42), ao lembrar que, no começo do século XXI,

> vivemos numa sociedade intervalar, uma sociedade de transição paradigmática. Esta condição e os desafios que ela nos coloca fazem apelo a uma racionalidade ativa, porque em trânsito, tolerante, porque desinstalada de certezas paradigmáticas, inquieta, porque movida pelo desassossego que deve, ela própria, potenciar.

Nesse sentido, a psicopedagogia, centrando seu objeto de conhecimento no ser cognoscente, não pode perder de vista que esse ser é extremamente complexo e precisa ser compreendido em sua totalidade.

Síntese

Neste capítulo, abordamos a trajetória histórica da psicopedagogia e mostramos que a compreensão dos problemas que interferem na aprendizagem e a preocupação com o atendimento a sujeitos portadores de deficiências sensoriais e mentais remontam ao século XIX. Entretanto, as consultas médico-pedagógicas que tinham por intuito encaminhar crianças para as classes especiais só ocorreram no século XX, mais precisamente nos anos de 1904 e 1908, realizadas pelo educador Édouard Séguin e pelo psiquiatra Jean-Étienne Esquirol.

Explicamos que a psicopedagogia surgiu na fronteira entre as áreas da saúde e da educação e, desde o princípio, seu objeto de estudo foi a aprendizagem.

A Europa é o berço da psicopedagogia, pois lá surgiram os primeiros centros de orientação educacional infantil, cujas equipes de atendimento eram compostas de médicos, psicólogos, educadores e assistentes sociais. Destacamos que, apesar das contribuições dos pesquisadores italianos, belgas e alemães, foram os franceses que impactaram os estudos da psicopedagogia na Europa e, em 1946, fundaram os primeiros centros psicopedagógicos.

Nos Estados Unidos, a preocupação com crianças que apresentam dificuldades de aprendizagem se manifestou por volta da década de 1930, com o surgimento dos primeiros centros de reeducação para atendimento a delinquentes juvenis.

Na América Latina, a Argentina foi a pioneira nos estudos psicopedagógicos e influenciou o desenvolvimento da psicopedagogia no Brasil. Ressaltamos que o fracasso escolar serviu de impulso para a psicopedagogia brasileira, pois, nas décadas de 1970 e 1980, o índice de crianças que apresentavam dificuldades de aprendizagem era muito alto e não havia profissionais nas escolas capacitados para atender a essa demanda, porque o pedagogo não dava conta de resolver tal carência.

Outro fato que impulsionou a psicopedagogia no Brasil foi a criação da Associação Brasileira de Psicopedagogia (ABPp), em 1985. Por fim, tratamos dos limites e das possibilidades da psicopedagogia no limiar do século XXI.

Atividades de autoavaliação

1. A respeito dos primeiros centros de psicopedagogia, é correto afirmar:
    I) Foram fundados na França, em 1946, por J. Boutonier e George Mauco.
    II) Tinham por objetivo readaptar crianças que apresentavam comportamentos considerados inadequados na escola e em casa.
    III) Articulavam a medicina, a filosofia, a psicanálise e a antropologia.
    IV) Objetivavam prestar atendimento às crianças com dificuldades de aprendizagem.

    Agora, assinale a alternativa correta:
    a) Somente as afirmações I, II e III estão corretas.
    b) Somente as afirmações II e III estão corretas.
    c) As afirmações I e IV estão incorretas.
    d) As afirmações I, III e IV estão corretas.

2. O país pioneiro nos estudos da psicopedagogia na América do Sul foi:
    a) Brasil.
    b) Argentina.
    c) Uruguai.
    d) Chile.

3. Analise se as afirmações a seguir são verdadeiras (V) ou falsas (F).
   ( ) A psicopedagogia tem por objeto de estudo a educação e as relações que trava no interior da sociedade.
   ( ) A principal causa do surgimento da psicopedagogia no país foi o fracasso escolar nas décadas de 1970 e 1980.
   ( ) A Associação Brasileira de Psicopedagogia (ABPp), implantada em 1985, tem por objetivo, apenas, receber a anuidade dos associados.
   ( ) Até a década de 1970, os problemas de aprendizagem no Brasil eram atribuídos a fatores orgânicos associados a uma disfunção neurológica – disfunção cerebral mínima (DCM).
   ( ) Até a década de 1990, a psicopedagogia tinha como foco a doença, as dificuldades e os transtornos.

   Agora, assinale a sequência correta:
   a) F, V, F, V, V.
   b) F, F, V, V, V.
   c) V, V, V, F, F.
   d) V, F, V, F, V.

4. A respeito da pedagogia curativa, é correto afirmar:
   a) Diz respeito ao atendimento aos professores que buscavam formação especializada na França.
   b) Caracterizava o atendimento terapêutico pedagógico e psicológico ofertado a crianças que apresentavam fracasso escolar na França.

c) Corresponde ao atendimento dado aos pais pelos centros educacionais franceses.
d) É caracterizada pelo atendimento médico aos adolescentes franceses.

5. A respeito do surgimento da psicopedagogia, pode-se afirmar:
   I) A primeira iniciativa no campo da reeducação de crianças com retardo mental foi realizada em 1898 pelo professor de Psicologia Édouard Claparède e pelo neurologista François Neville.
   II) Maria Montessori criou um método destinado à aprendizagem de crianças que apresentavam retardo mental e que, posteriormente, foi estendido a outras crianças.
   III) O interesse por compreender e atender sujeitos portadores de deficiências sensoriais e mentais remonta ao século XIX, quando pesquisadores como Itard, Séguin, Pereira e Pestalozzi se dedicaram a investigar crianças que apresentavam problemas de aprendizagem decorrentes de algum distúrbio.
   IV) Ovide Decroly, cujo objeto de estudo foi a educação infantil, usou técnicas de observação e filmagem para investigar as situações de aprendizagem vivenciadas pelas crianças.

   Agora, assinale a alternativa correta:

   a) Somente as afirmações I, II e III estão corretas.
   b) Somente as afirmações II e III estão corretas.
   c) Somente afirmações I e IV estão corretas.
   d) Todas as afirmações estão corretas.

Atividades de aprendizagem

Questões para reflexão

1. Relacione a implantação da psicopedagogia no Brasil com a redução do fracasso escolar.

2. Quais áreas profissionais contribuem para a formação de uma equipe multidisciplinar com a psicopedagogia?

Atividade aplicada: prática

1. Selecione um artigo na internet que aborde a história da psicopedagogia e elabore uma síntese a respeito do assunto. Não se esqueça de anotar a referência do texto.

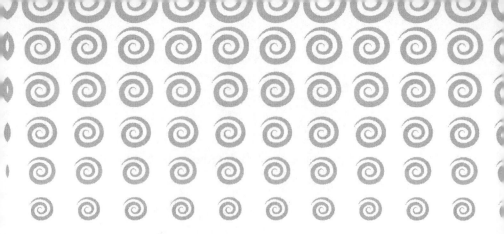

3
Formação e atuação profissional do psicopedagogo

Neste capítulo, abordamos a formação e o campo de atuação do psicopedagogo. Primeiro, analisamos o significado de *formação*, depois especificamos os locais em que o psicopedagogo pode exercer suas atividades profissionais e suas atribuições nos âmbitos clínico e institucional. Além disso, identificamos as atividades desenvolvidas pelo psicopedagogo no ambiente escolar.

3.1
Formação profissional do psicopedagogo

Formação é um vocábulo abrangente. Nesse contexto, a palavra vai além de crescimento físico. Vamos recorrer ao *Dicionário Houaiss* (2018): vocábulo de origem latina (*formatione*) que corresponde ao "ato, efeito ou modo de formar, constituir (algo); criação, construção, constituição", ao "conjunto de conhecimentos e habilidades específicos a um determinado campo de atividade prática ou intelectual" e, ainda, ao "conjunto de cursos concluídos e graus obtidos por uma pessoa".

É possível notar que *formação* significa "construir", "constituir". *Formar* implica um processo complexo e abrangente e deve englobar todos os âmbitos: cognitivos, culturais, políticos, econômicos e sociais, pois, como observa Nóvoa (1992, p. 38), "a formação não se constrói por acumulação (de cursos, de conhecimentos ou de técnicas), mas sim através de um trabalho de reflexividade crítica sobre as práticas e de (re)construção permanente de uma identidade pessoal".

O conceito de formação pode, ainda, ser relacionado ao de desenvolvimento pessoal, o qual engloba as finalidades, as metas e os valores almejados pelo sujeito. É importante ressaltar que "a componente pessoal da formação não nos deve levar a pensar que esta se realiza unicamente de forma autônoma" (Garcia, 1999, p. 12).

No processo de formação, Debesse (citado por Garcia, 1999) considera três momentos: autoformação, heteroformação e interformação.

Na **autoformação**, o sujeito participa de maneira independente e tem sob seu controle os objetivos, os processos e os instrumentos da própria formação. Na **heteroformação**, a formação se organiza e se desenvolve por especialistas, ou seja, não há o comprometimento por parte do sujeito participante. Na **interformação**, a ação educativa ou a atualização de conhecimentos ocorre em interação com outros sujeitos.

No Brasil, por muitos anos, a formação do psicopedagogo foi propiciada somente por meio de cursos de pós-graduação em nível de especialização (*lato sensu*), os quais foram regulamentados pela Resolução n. 12, de 6 de outubro de 1983, do então Conselho Federal de Educação.

Conforme dados extraídos do e-MEC, em 2017, estavam cadastrados 799 cursos de especialização em Psicopedagogia, ofertados nas modalidades presencial e/ou a distância por diversas instituições públicas e privadas de norte a sul do Brasil, com distintas denominações e, em alguns casos, em associação com outras áreas do conhecimento: Psicopedagogia; Psicopedagogia Clínica e/ou Institucional; Alfabetização e Letramento e Psicopedagogia Institucional; Educação Especial/Inclusiva e Psicopedagogia etc. (Brasil, 2017a).

No que diz respeito à graduação, há cinco cursos de bacharelado em Psicopedagogia. Três deles são do Rio Grande do Sul: dois estão em processo de desativação (Pontifícia Universidade Católica do Rio Grande do Sul – PUCRS, em Porto Alegre, e Universidade Feevale, em Novo Hamburgo) e o terceiro funciona na Universidade La Salle, em Canoas.

Os outros dois cursos estão em funcionamento no Estado de São Paulo (Centro Universitário Fieo – Unifeo, em Osasco) e na Paraíba (Universidade Federal da Paraíba – UFPB, em João Pessoa) (Brasil, 2017a). Em 2017, não havia nenhum curso de pós-graduação *stricto sensu* em Psicopedagogia (mestrado e doutorado) cadastrado na Coordenação de Aperfeiçoamento de Pessoal de Nível Superior (Capes). Isso não indica, no entanto, que nenhuma instituição de ensino superior (IES) oferte nesse nível de ensino uma linha de pesquisa em psicopedagogia em algum programa da área da educação ou da saúde.

Sobre a formação do psicopedagogo no país, é importante lembrar que um dos fatos que a impulsionaram foi a promulgação da Lei de Diretrizes e Bases da Educação Nacional (LDBEN) – Lei n. 9.394 de 20 de dezembro de 1996 (Brasil, 1996). Nas palavras de Pöttker e Leonardo (2014, p. 88), "no tocante à formação do psicopedagogo brasileiro, constatamos que o posicionamento público assumido pelo Projeto de Lei n. 3.124/1997 é de que a formação do psicopedagogo deve ocorrer na pós-graduação".

Noffs (2016, p. 116) complementa:

> após a Lei n. 9394/96, com a prerrogativa de que poderia se formar profissionais da Educação a nível de pós-graduação, somada à informação de que 80% dos alunos que cursavam a Psicopedagogia eram da Educação, a ABPp frente às demandas da sociedade foi impulsionada a desencadear formalmente o projeto de lei n. 3124/97 sobre a regulamentação do exercício da atividade psicopedagógica em 1997, pelo então Deputado Federal Barbosa Neto (GO) apoiado na premissa que esta atividade viria reduzir o fracasso escolar mediante a

revisão do Projeto Educacional Brasileiro com a inserção de um profissional denominado de psicopedagogo.

Um questionamento recorrente quando se discute a formação do psicopedagogo diz respeito à categorização da psicopedagogia como profissão ou como ocupação. Conforme a Classificação Brasileira de Ocupações (CBO) do Ministério do Trabalho, a psicopedagogia é registrada sob o número 2.394-25: "Programadores, Avaliadores e Orientadores de Ensino, da qual fazem parte além do psicopedagogo os coordenadores pedagógicos, orientadores educacionais, supervisores de ensino, pedagogos e professores de recursos audiovisuais" (Brasil, 2017b).

Saiba mais

A Classificação Brasileira de Ocupações (CBO) constitui-se "documento normalizador do reconhecimento, da nomeação e da codificação dos títulos e conteúdos das ocupações no mercado de trabalho brasileiro" (Brasil, 2018e).

De acordo com a ABPp (2008), a formação do psicopedagogo deve orientar-se pelos seguintes princípios:

a. conscientização da diversidade, respeitando as diferenças de natureza cultural e ambiental, de gêneros, de faixas geracionais, de classes sociais, de religiões, de necessidades especiais, de orientação sexual, entre outras;
b. priorização de ações que envolvam os direitos humanos visando uma sociedade inclusiva e equânime, com ênfase nas potencialidades do sujeito da aprendizagem;

Formação e atuação profissional do psicopedagogo 81

c. valorização do pensamento reflexivo, crítico e transformador;

d. conscientização do trabalho coletivo pautado pela ética e sigilo profissional;

e. respeito aos saberes específicos das áreas afins e dos profissionais.

Solé (2001, p. 245) acrescenta que, em razão das características acadêmicas e profissionais, "a reflexão sobre a formação deve complementar-se, necessariamente, com o que diz respeito tanto aos conteúdos que configuram o programa formativo como às estratégias que melhor contribuam para capacitar estes profissionais e para colaborar na análise e na melhoria dos processos educacionais".

Dessa maneira, Coll (citado por Solé, 2001) propõe que a formação do psicopedagogo seja composta de três núcleos: formação básica, formação específica e formação complementar.

O **núcleo de formação básica** constitui a base da formação psicopedagógica e inclui os processos educacionais e os processos psicológicos. O **núcleo de formação específica** é

> Estruturado em torno dos processos de aprendizagem escolar, das relações entre o ensino e a aprendizagem; a aprendizagem de conteúdos específicos; a microssociologia das instituições educacionais, os transtornos do desenvolvimento e as dificuldades de aprendizagem; as estratégias de avaliação psicopedagógica e a organização da resposta educacional à diversidade; assim como as estratégias de assessoramento, colaboração e trabalho compartilhado. (Coll, citado por Solé, 2001, p. 245)

Já o **núcleo de formação complementar** relaciona-se com a psicologia clínica, com a psicologia das organizações, com a didática e demais disciplinas que auxiliem na ação profissional do psicopedagogo.

É possível perceber que a formação desse profissional é multidisciplinar e, assim, se assenta sobre diversas ciências:

- sob o ponto de vista filosófico, seu embasamento deve lhe permitir encontrar as ideias de homem, de sociedade e educação implícitas em cada teoria psicopedagógica;
- sua formação sociológica deve facilitar a compreensão do tempo e do espaço sociocultural e econômico que influenciam o fenômeno educacional dos indivíduos pertencentes às classes socioeconômicas mais baixas;
- sua formação psicológica deve-lhe permitir conhecer o desenvolvimento cognitivo, afetivo e psicomotor do indivíduo que aprende, sob os pontos de vista evolutivo e econômico das relações interpessoais na família e na escola;
- o conhecimento de técnicas e métodos, relativos ao desenvolvimento das operações lógicas do pensamento e à aquisição das habilidades básicas psicomotoras e linguísticas é indispensável a este profissional da área psicopedagógica. Daí a importância de conhecimentos psicolinguísticos, neurológicos e outros. Deve-se, contudo, frisar que a integração destes conhecimentos não lhe é dada a priori, mas sim construída através de sua sensibilidade e experiência.
(Portal Educação, 2018)

Assim, independentemente de a formação do psicopedagogo ocorrer na pós-graduação ou na graduação, é preciso articular docência, pesquisa e gestão. É essencial que o psicopedagogo conheça o contexto institucional (seja ele escolar, hospitalar, familiar) onde o processo de aprendizagem vai desenvolver-se. Conhecendo o sujeito desvinculado de seu meio é uma "fresta" para o insucesso. (Noffs, 2000, p. 45)

O importante é que a formação do psicopedagogo propicie ao futuro profissional subsídios que lhe possibilitem entender como se desenvolve o processo de aprendizagem em sua totalidade.

3.2
Atuação do psicopedagogo

A psicopedagogia, como área de atuação, é ancorada em teorias que auxiliam na construção de uma práxis psicopedagógica. Você sabe o que significa o termo *práxis*?

Esse conceito pode ser encontrado em Konder (1992, p. 115), que explica:

> atividade concreta pela qual os sujeitos se afirmam no mundo, modificando a realidade objetiva e, para poderem alterá-la, transformando-se a si mesmos. É a ação que, para se aprofundar de maneira mais consequente, precisa da reflexão, do autoquestionamento, da teoria; e é a teoria que remete à ação, que enfrenta o desafio de verificar seus acertos e desacertos, cotejando-os com a prática.

São oportunas também as palavras de Nogaro et al. (2014, p. 169):

> a ação psicopedagógica consiste numa leitura e releitura do processo de aprendizagem, bem como da aplicabilidade de conceitos teóricos que lhe deem novos contornos e significados, gerando práticas mais consistentes, que respeitem a singularidade de cada um e consigam lidar com resistências. A ação desse profissional jamais pode ser isolada, mas integrada à ação da equipe escolar, buscando, em conjunto, vivenciar a escola, não só como espaço de aprendizagem de conteúdos educacionais, mas de convívio, de cultura, de valores, de pesquisa e experimentação, que possibilitem a flexibilização de atividades docentes e discentes.

Assim, quando se pensa em ação psicopedagógica, não se pode esquecer que a teoria e a prática são indissociáveis como práxis, a qual deve caracterizar-se por ser transformadora e que, tal como explica Paulo Freire (2009, p. 38), "envolve um movimento dinâmico, dialético entre o fazer e o pensar sobre o fazer".

No que diz respeito à atuação do psicopedagogo, o art. 6º do Código de Ética do Psicopedagogo (ABPp, 2011) determina:

Artigo 6º
Estarão em condições de exercício da Psicopedagogia os profissionais graduados e/ou pós-graduados em Psicopedagogia – especialização "lato sensu" – e os profissionais com direitos adquiridos anteriormente à exigência de titulação acadêmica e reconhecidos pela ABPp. É indispensável ao psicopedagogo submeter-se à supervisão psicopedagógica e recomendável processo terapêutico pessoal.

Para atuar como psicopedagogo, é necessário ter formação específica. Mas o que faz realmente esse profissional?

O psicopedagogo é um profissional especializado para auxiliar os sujeitos que, por alguma razão, apresentam dificuldades na aprendizagem. Sua atuação pode ser tanto no aspecto preventivo quanto no aspecto interventivo, ou seja, com avaliação, diagnóstico e intervenção.

Pelo fato de a psicopedagogia estar relacionada às dificuldades de aprendizagem, a princípio, acreditava-se que o campo de atuação era restrito à escola, o que é um engano, pois o trabalho do psicopedagogo vai além dos muros escolares. Ele pode atuar em vários contextos, tais como clínicas, empresas e instituições relacionadas à saúde.

É importante ressaltar que a atuação do psicopedagogo não está relacionada ao espaço físico, e sim à sua formação e a especializações em determinadas áreas do conhecimento e campos do saber. Assim, comumente, o psicopedagogo pode atuar em grandes áreas: clínica e institucional. Geralmente, os cursos que preparam esses profissionais já têm oferta nessas duas áreas.

A psicopedagogia na área clínica é voltada à terapia, pois visa à recuperação, e o atendimento é feito em consultórios. Já na institucional ela tem caráter preventivo e seu objetivo é "construir uma relação saudável com o conhecimento, de modo a facilitar a sua construção e evitar que esse processo seja obstaculizado" (Bossa, 2000, p. 13).

3.2.1
Psicopedagogo clínico

O psicopedagogo clínico pode trabalhar em consultório particular ou em clínica psicopedagógica. Neste último caso, recomenda-se que o atendimento seja realizado por uma equipe multidisciplinar composta por pedagogos, psicólogos, fonoaudiólogos, neurologistas, entre outros profissionais.

Bossa (2000, p. 67) entende como "atendimento psicopedagógico clínico a investigação e a intervenção para que se compreenda o significado, a causa e a modalidade de aprendizagem do sujeito, com o intuito de sanar suas dificuldades".

De acordo com Visca (1987, p. 16), "quando se fala de psicopedagogia clínica, se está fazendo referência a um método com o qual se tenta conduzir à aprendizagem e não a uma corrente teórica ou escola. Em concordância com o método clínico podem-se utilizar diferentes enfoques teóricos".

Nas palavras de Bossa (2000, p. 21-22),

> O trabalho clínico se dá na relação entre um sujeito com sua história pessoal e sua modalidade de aprendizagem, buscando compreender a mensagem de outro sujeito, implícita no não aprender. Nesse processo, onde investigador e objeto-sujeito de estudo interagem constantemente, a própria alteração torna-se alvo de estudo da Psicopedagogia. Isto significa que, nesta modalidade de trabalho, deve o profissional compreender o que o sujeito aprende, como aprende e por que, além de perceber a dimensão da relação entre psicopedagogo e sujeito de forma a favorecer a aprendizagem.

Dessa maneira, o psicopedagogo clínico investiga os processos cognitivos, pedagógicos e afetivos que podem estar bloqueando a aprendizagem do sujeito. Tendo o diagnóstico, atua também de forma preventiva, para que novas dificuldades no ato de aprender não ocorram, pois, a partir do momento em que se conhecem as causas, combatem-se os efeitos.

Como esclarece Bossa (2000, p. 67),

> A Psicopedagogia clínica procura compreender de forma global e integrada os processos cognitivos, emocionais, sociais, culturais, orgânicos e pedagógicos que interferem na aprendizagem, a fim de possibilitar situações que resgatem o prazer de aprender em sua totalidade, incluindo a promoção da integração entre pais, professores, orientadores educacionais e demais especialistas que transitam no universo educacional do aluno.

Assim, nunca é demais ressaltar que o foco do trabalho do psicopedagogo é a aprendizagem. Na clínica, compete a ele diagnosticar e investigar os problemas inerentes aos processos de aprender, identificar as barreiras que interferem no processo de aprendizagem, bem como orientar pais e professores a lidar com crianças que apresentam dificuldades para aprender.

3.2.2
Atuação profissional do psicopedagogo no ambiente escolar

A atuação psicopedagógica no ambiente escolar está relacionada ao fato de que os psicólogos argentinos, quando chegaram ao Brasil (na década de 1980), foram impedidos de clinicar em virtude das prerrogativas do Conselho Federal de Psicologia. Assim, encontraram na educação um ambiente fértil para a criação de metodologias inovadoras que tinham como foco diagnosticar as dificuldades de aprendizagem. Depois disso, teorias foram desenvolvidas sempre no intuito de prevenir os fatores que interferem no ato de aprender.

Bossa (2000, p. 90) explica que a escola é "participante desse processo de aprendizagem que inclui o sujeito em seu mundo sociocultural. Ela é, com efeito, a grande preocupação da Psicopedagogia em seu compromisso de ação preventiva. Cada sujeito tem uma história pessoal, da qual fazem parte várias histórias: a familiar, a escolar e outras, as quais, articuladas, condicionam-se mutuamente".

Importante

"Pensar a escola, à luz da Psicopedagogia, significa analisar um processo que inclui questões metodológicas, relacionais e socioculturais, englobando o ponto de vista de quem ensina e de quem aprende, abrangendo a participação da família e da sociedade" (Bossa, 2000, p. 91).

Assim, a psicopedagogia no ambiente educacional busca auxiliar professores, coordenadores pedagógicos e gestores a refletir sobre o papel da educação diante das dificuldades de aprendizagem.

O psicopedagogo no contexto escolar pode atuar como coordenador pedagógico, orientador educacional e professor. Nas palavras de Di Santo (2006), no decorrer no processo educativo, o psicopedagogo deve desenvolver um trabalho que

- Fomente interações interpessoais;
- Incentive os sujeitos da ação educativa a atuarem considerando integradamente as bagagens intelectual e moral;
- Estimule a postura transformadora de toda a comunidade educativa para, de fato, inovar a prática escolar, contextualizando-a;
- Enfatize o essencial: conceitos e conteúdos estruturantes, com significado relevante, de acordo com a demanda em questão;
- Oriente e interaja com o corpo docente no sentido de desenvolver mais o raciocínio do aluno, ajudando-o a aprender a pensar a estabelecer relações entre os diversos conteúdos trabalhados;
- Reforce a parceria entre escola e família;
- Lance as bases para a orientações do aluno na construção de seu projeto de vida, com clareza de raciocínio e equilíbrio;
- Incentive a implementação de projetos que estimulem a autonomia de professores e alunos;
- Atue junto ao corpo docente para que se conscientize de sua posição de "eterno aprendiz", de sua importância e envolvimento no processo de aprendizagem, com ênfase na avaliação do aluno, evitando mecanismos menores de seleção, que dirigem apenas ao vestibular e não à vida.

Conforme o exposto, o papel do psicopedagogo no ambiente escolar é de suma importância na prevenção dos obstáculos que interferem no processo de aprendizagem. De acordo com Bossa (2000), esse profissional pode cooperar na construção do projeto pedagógico, bem como auxiliar a escola a responder aos seguintes questionamentos: O que ensinar? Como ensinar? Para que ensinar? Por meio do diagnóstico institucional, é possível ao psicopedagogo detectar os entraves que prejudicam o ensino e a aprendizagem e, dessa forma, ajudar o professor na adoção de metodologias apropriadas que facilitem o aprendizado, bem como orientá-lo no acompanhamento daqueles que apresentam dificuldades de aprendizagem, encaminhando esses alunos a profissionais especializados, como psicólogos, fonoaudiólogos, neurologistas e psiquiatras.

Outro papel relevante do psicopedagogo no ambiente escolar é observar a relação entre professor e aluno, que, no ambiente escolar, são os protagonistas no processo de ensino e aprendizagem, pois "grande parte da aprendizagem ocorre dentro da instituição escolar, na relação com o professor, com o conteúdo escolar e com o grupo social enquanto um todo" (Bossa, 2000, p. 91).

É necessário ressaltar que do processo de aprendizagem da criança participam outros agentes, como a família e outros membros da comunidade escolar. Segundo Fagali (1998), a psicopedagogia familiar amplia "a percepção sobre os processos de aprendizagem de seus filhos, resgatando a família no papel educacional, complementar à escola, diferenciando as múltiplas formas de aprender, respeitando as diferenças dos filhos".

Assim, é importante que o psicopedagogo participe de reuniões de pais, a fim de esclarecer como está o rendimento escolar dos filhos e indicar de que maneira podem estimulá-los e auxiliá-los nas tarefas escolares em casa. Se preciso for, o psicopedagogo pode agendar horários individualizados com os pais das crianças que apresentam dificuldades de aprendizagem.

3.2.3
Psicopedagogo institucional fora do contexto escolar

O espaço de atuação do psicopedagogo institucional vai além dos muros da escola, haja vista que o processo de aprendizagem é contínuo e está incorporado nas ações cotidianas. Dessa forma, o campo de trabalho do psicopedagogo está presente em outras áreas, como saúde (hospitais), empresarial e assistencial (asilos e organizações não governamentais), pois "seu fazer visa compreender as variadas dimensões da aprendizagem humana, que, afinal, ocorrem em todos os espaços e tempos sociais" (Scoz, 2009, p. 17).

Como esclarece Bossa (2000, p. 88),

> A psicopedagogia institucional se caracteriza pela própria intencionalidade do trabalho. Atuamos, como psicopedagogos, na construção do conhecimento do sujeito, que neste momento é a instituição com sua filosofia, valores e ideologia. A demanda da instituição está associada à forma de existir do sujeito institucional, seja ele a família, a escola, uma empresa industrial, um hospital, uma creche, uma organização existencial.

O campo de atuação do psicopedagogo institucional é abrangente e sua contribuição pode ser atestada em vários contextos:

- Psicopedagogia empresarial, ampliando formas de treinamento, resgatando a visão do todo, as múltiplas inteligências, trabalhando a criatividade e os diferentes caminhos para buscar saídas, desenvolvendo o imaginário, a função humanística e dos sentimentos na empresa, ao construir projetos e dialogar sobre eles.
- Psicopedagogia hospitalar, possibilitando a aprendizagem, o lúdico e as oficinas psicopedagógicas com os internos. (Fagali, 1998, p. 38)

A aprendizagem "quando aplicada em empresas, constitui proeminente diferencial competitivo, pois possibilita a implantação de técnicas e atitudes inovadoras, partindo da reflexão e do conhecimento compartilhado pelos indivíduos" (Saito, 2010, p. 42).

Sobre o papel do psicopedagogo nas empresas, Saito (2010, p. 43) acrescenta:

> auxiliará as organizações no processo de reflexão sobre si, sobre a sua prática e como articulá-las a fim de ampliar as possibilidades de desenvolvimento de competências que levem a resultados significativos, inovadores e criativos, além de atuar sobre as relações entre a corporação e seus membros e dos indivíduos entre si, buscando estabelecer vínculos positivos que ajudem a promover a transformação.

Nesse sentido, na empresa, o psicopedagogo atua na harmonização de grupos, no relacionamento dos sujeitos entre si e com a organização e, individualmente, na forma como o indivíduo lida com suas frustrações e reage perante o erro.

Saiba mais

Aprofunde seus conhecimentos sobre a psicopedagogia empresarial com a leitura do artigo:

SAITO, L. M. Psicopedagogia empresarial como agente de transformação. **UNOPAR Científica: Ciências Humanas e Educação**, Londrina, v. 11, n. 1, p. 39-46, jun. 2010. Disponível em: <http://www.pgsskroton.com.br/seer/index.php/ensino/article/viewFile/824/788>. Acesso em: 28 maio 2018.

Quanto à psicopedagogia hospitalar, é necessário observar que, em geral, a hospitalização acarreta, especialmente em crianças, problemas no desenvolvimento. Assim, no ambiente hospitalar, o psicopedagogo pode oferecer apoio psicopedagógico na resolução de problemas de ordem emocional, cognitiva e motivacional.

São oportunas as palavras de Araújo (2010), ao destacar que

> com a enfermidade e hospitalização o paciente assume um estado de espera e passa a conviver com o ócio, é neste momento que o psicopedagogo entrepõe meios de atividades educativas, onde pretende amenizar o estado ocioso e ocupar o tempo do paciente mediante práticas educativas que estimulem a criação, a socialização, o gosto pela leitura, música... buscando na educação uma pedagogia transformadora, no sentido de contribuir para a promoção da saúde.

Maluf (2007, p. 9) descreve quais funções competem ao psicopedagogo no contexto hospitalar:

- Intervém nas instituições de saúde, integrando equipes multidisciplinares, colaborando com outros profissionais, orientando seu procedimento no trato com o paciente e sua família;
- Elabora diagnósticos das condições de aprendizagem das pessoas internadas;
- Adapta os recursos psicopedagógicos para o contexto da saúde, utilizando recursos psicopedagógicos para elaborar programas terapêuticos de ensino/aprendizagem nas situações em que as pessoas estejam com as suas capacidades adaptativas diminuídas por razões de saúde;
- Elabora e aplica programas comunitários de prevenção de comportamentos de risco e de promoção de comportamentos saudáveis;
- Cria e desenvolve métodos e programas psicopedagógicos em contextos de reabilitação psicossocial, para pessoas em recuperação de doença;
- Elabora relatórios de condições terapêuticas de ensino/aprendizagem e outras comunicações.

A autora menciona, ainda, que a psicopedagogia hospitalar consiste na realização de avaliações e intervenções na área da saúde, recordando que o processo de aprendizagem engloba competências físicas, mentais e emocionais. Por se tratar de um modo de intervenção institucional e clínica, deve-se considerar a atuação nos seguintes contextos:

- Suporte psicopedagógico à Instituição de saúde como um todo e com a equipe de profissionais, com construções de

projetos e atuações em grupo para evitar a fragmentação do conhecimento e promover trocas entre os especialistas, propiciando a integração das disciplinas no âmago de um mesmo projeto de trabalho;
- Orientação ao paciente hospitalizado, com o objetivo de trabalhar não só os conhecimentos básicos, apesar da importância de se cuidar do não afastamento destes pacientes do mundo acadêmico. É importante, no entanto, focalizar o trabalho no desenvolvimento das competências de natureza psicossociais para que o paciente se habilite como agente ativo do seu próprio processo de tratamento, recuperação e promoção de sua saúde. Pode ser realizada em grupo, como o que se verifica nas chamadas classes hospitalares, ou individualmente;
- Suporte à família, profissionais e acompanhantes que permitem a instalação e o resgate das potencialidades de parentes, e cuidadores, na estimulação dos enfermos em suas habilidades cognitivas e afetivas. (Maluf, 2007, p. 11)

Várias são as funções exercidas pelo psicopedagogo em hospitais, todas no sentido de minimizar o sofrimento do sujeito.

Nas organizações assistenciais e nas organizações não governamentais (ONGs), o psicopedagogo desenvolve ações voltadas para o resgate da cidadania do sujeito.

Síntese

Neste capítulo, tratamos da formação do psicopedagogo e indicamos que, por muitos anos no Brasil, essa formação se dava somente por meio dos cursos de especialização – pós-graduação *lato sensu*.

Em seguida, abordamos o campo de atuação profissional do psicopedagogo, destacando que ele abrange basicamente duas áreas: clínica e institucional. Na clínica, o atendimento é em consultórios, feito no âmbito terapêutico. Na área institucional, o objetivo é a prevenção.

Também mostramos que a psicopedagogia institucional pode ser exercida tanto na área educacional quanto na área da saúde, além de outros contextos, como no caso das organizações assistenciais.

Atividades de autoavaliação

1. No processo de formação, Debesse (citado por Garcia, 1999) considera três momentos: autoformação, heteroformação e interformação. Relacione os itens enumerados a seguir com as informações correspondentes:
   1) Autoformação
   2) Heteroformação
   3) Interinformação
   4) Formação

   ( ) A formação se organiza e se desenvolve por especialistas, ou seja, não há o comprometimento por parte do sujeito participante.
   ( ) A ação educativa ou a atualização de conhecimentos ocorre em interação com outros sujeitos.
   ( ) O sujeito participa de forma independente e tem sob seu controle os objetivos, os processos e os instrumentos da própria formação.
   ( ) Engloba as finalidades, as metas e os valores almejados pelo sujeito.

Formação e atuação profissional do psicopedagogo 97

Agora, assinale a sequência correta:

a) 1, 3, 4, 2.
b) 2, 3, 1, 4.
c) 3, 2, 4, 1.
d) 4, 2, 1, 3.

2. A respeito da formação do psicopedagogo, analise as afirmações a seguir.

I) Um dos fatos que a impulsionaram foi a promulgação da Lei de Diretrizes e Bases da Educação Nacional (LDBEN) – Lei n. 9.394/1996.

II) A psicopedagogia, conforme a Classificação Brasileira de Ocupações (CBO), é registrada sob o número 2.394-25 – "Programadores, Avaliadores e Orientadores de Ensino".

III) Um dos princípios pelos quais se orienta é a valorização do pensamento reflexivo, crítico e transformador.

IV) A psicopedagogia não é considerada uma profissão nem uma ocupação.

Agora, assinale a alternativa correta:

a) As afirmações I, II, III estão corretas.
b) As afirmações I e IV estão corretas.
c) Somente as afirmações II e III estão corretas.
d) As afirmações II, III e IV estão corretas.

3. A psicopedagogia na escola tem uma função complexa e, por isso, há algumas distorções conceituais quanto às atividades desenvolvidas pelo psicopedagogo. No âmbito escolar, ele deve se concentrar em:

a) elaborar conteúdo programático das disciplinas.
b) organizar projetos e auxiliar nos problemas de relacionamentos familiares.
c) auxiliar professores, coordenadores pedagógicos e gestores a refletir sobre o papel da educação diante das dificuldades de aprendizagem.
d) fazer um levantamento das dificuldades enfrentadas pela escola.

4. É **incorreto** afirmar que a atuação do psicopedagogo na instituição tem por finalidade:
a) ampliar formas de treinamento, resgatando a visão do todo, as múltiplas inteligências, trabalhando a criatividade e os diferentes caminhos para buscar saídas.
b) atuar na harmonização de grupos, auxiliar no relacionamento dos sujeitos entre si e com a organização.
c) preocupar-se com a maneira como o indivíduo lida com suas frustrações e como reage perante o erro.
d) captar projetos de desenvolvimento e organizar curso de reciclagem para os funcionários.

5. A psicopedagogia nos hospitais é uma área em que reatar o vínculo afetivo com a aprendizagem é necessário. Considerando essa informação, analise se as afirmações a seguir são verdadeiras (V) ou falsas (F).
( ) No ambiente hospitalar, o psicopedagogo pode oferecer apoio psicopedagógico na resolução de problemas de ordem emocional, cognitiva e motivacional.

( ) No ambiente hospitalar, ele pode organizar fontes de recursos com a diretoria do hospital, para desenvolvimento dos programas preestabelecidos.
( ) O psicopedagogo hospitalar tem por função organizar um espaço adequado aos enfermos para transmitir os conteúdos.
( ) A psicopedagogia hospitalar possibilita a aprendizagem, o lúdico e as oficinas psicopedagógicas com os internos.
( ) O psicopedagogo hospitalar tem por função criar um programa de atendimento, com recurso de multimídia e computação.

Agora, assinale a sequência correta:

a) V, F, F, V, F.
b) V, F, F, V, V.
c) F, V, V, V, F.
d) V, V, F, V, V.

Atividades de aprendizagem

Questões para reflexão

1. Reflita sobre o campo de atuação da psicopedagogia clínica e da institucional e elabore um quadro comparativo entre esses dois contextos.

2. Enumere todos os campos de atuação do psicopedagogo.

Atividade aplicada: prática

1. Uma criança de 10 anos foi internada repentinamente com leucemia e deve permanecer no hospital infantil por tempo indeterminado. Dessa maneira, não pode mais frequentar diariamente a escola e isso a deixou muito triste, porque gosta muito de estudar e tem um rendimento escolar excelente, sendo uma das primeiras alunas da turma. Diante disso, foi solicitada pelo hospital a intervenção de um psicopedagogo, em virtude das situações descritas a seguir:

   1) A criança, além de estar privada do convívio escolar rotineiro, está assustada com o imprevisto.
   2) A família está angustiada e com medo do que poderá acontecer.
   3) Os professores estão preocupados porque o aluno poderá não cumprir os conteúdos programáticos.

   Em sua opinião, como deve ser o trabalho do psicopedagogo nessa situação?

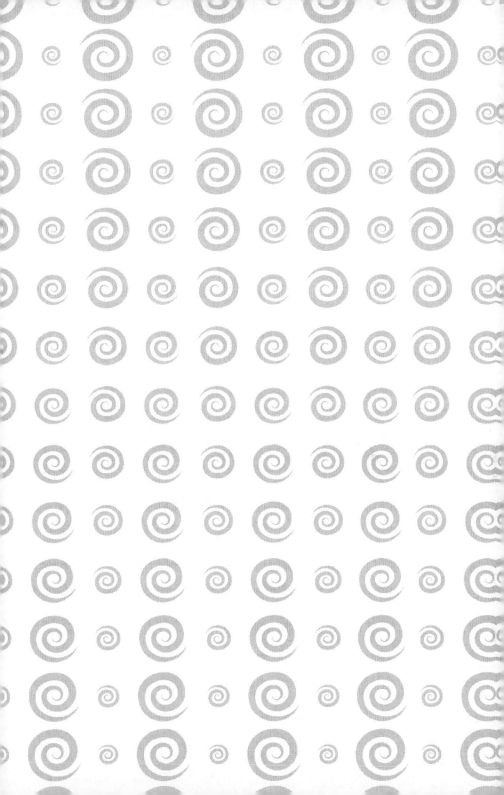

4
Identidade profissional do psicopedagogo

Este capítulo trata da identidade profissional do psicopedagogo. Depois de examinar os significados do vocábulo *identidade*, o objetivo é delinear o perfil do psicopedagogo e seu papel na vida do sujeito aprendente. Na sequência, abordamos uma atividade inerente ao papel do profissional da área: a avaliação psicopedagógica. Por fim, analisamos o desempenho do profissional da psicopedagogia diante das intervenções.

4.1
Identidade: contextualização

Identidade é um termo derivado do latim *identitas* e corresponde às características particulares que identificam uma pessoa – nome, data de nascimento, filiação, impressão digital – ou uma comunidade – indígena, quilombola etc.

Nas palavras de Prandini (2003, p. 68), a identidade é

> uma unidade em constante movimento de mudança, em processo de transformação relacionado às condições do meio no qual se insere, transformação esta marcada por uma continuidade que permite ao Eu sentir-se o mesmo, neste lugar, neste movimento, como naquele momento e naquele lugar, no passado ou no futuro. É a unidade pela qual o Eu se identifica, assim como pela qual os outros o identificam.

Assim, a identidade vai se moldando à medida que nos o sujeito se percebe como tal e entende a forma como o outro o enxerga, ou seja, a identidade se constrói a partir do outro e com o outro.

Se identidade é algo próprio de cada sujeito e é o que o torna diferente do outro, no campo profissional, como esse fator se manifesta?

Conforme Marques (2015),

> a identidade profissional é um conjunto de características próprias e exclusivas, que fazem com que um indivíduo seja diferente dos demais. Estas características são moldadas de acordo com as relações sociais, profissionais e contextos cotidianos, que vão moldando a identidade ao longo do tempo.

A identidade profissional se manifesta como um processo que o sujeito constrói em seu campo de atuação, é um jogo de reconhecimento do indivíduo com seu ambiente de trabalho.

O jogo de reconhecimento, segundo Penna (1992, citada por Galindo, 2004), é constituído por dois polos: o do autor-reconhecimento e o do alter-reconhecimento. O primeiro caso diz respeito à maneira como o sujeito se reconhece; o segundo, a como ele é reconhecido pelos outros.

A autora distingue, ainda, dois tipos de identidade: a pessoal e a social. A identidade pessoal corresponde à própria construção pessoal do sujeito, e a identidade social "refere-se a pessoas consideradas membros da mesma categoria, por características comuns, o que caracteriza o campo da identidade comum, independentemente de conviverem juntos" (Penna, 1992, citada por Galindo, 2004, p. 16). Nesse sentido, a identidade profissional pode ser atrelada a um tipo de identidade social.

De acordo com Pimenta (1999, p. 19),

> A identidade é construída a partir da significação social da profissão; da revisão constante dos significados sociais da profissão; da revisão das tradições. Mas também da reafirmação das práticas consagradas culturalmente e que permanecem significativas. Práticas que resistem a inovações porque prenhes de saberes válidos às necessidades da realidade. Do confronto entre as teorias e as práticas, da análise sistemática das práticas à luz das teorias existentes, da construção de novas teorias.

Dessa forma, a identidade profissional é construída com base na significação e na ressignificação social de determinada profissão e, ainda, em práticas já consagradas culturalmente e que são significativas.

E o que identifica o psicopedagogo?

A reflexão sobre a identidade do psicopedagogo passa pelos seguintes questionamentos: Que psicopedagogo eu sou? Qual é minha práxis psicopedagógica? De que maneira a aprendizagem se constitui como eixo norteador nos contextos em que atuo? Qual significado a profissão confere às atividades que desenvolvo em meu cotidiano?

Como explica Nóvoa (1992, p. 16), "a identidade não é um dado adquirido, não é uma propriedade, não é um produto. A identidade é um lugar de lutas e conflitos, é um espaço de construção de maneiras de ser e estar na profissão". No caso do psicopedagogo, é um processo identitário que se caracteriza pela maneira como cada sujeito se sente em relação à sua profissão.

Assim, a identidade do psicopedagogo está vinculada a seu campo atuação, ou seja, à área clínica ou institucional. Em ambas, o objetivo é o mesmo: investigar os processos de aprendizagem.

Nas palavras de Müller (1984, p. 53, tradução nossa),

> A cada psicopedagogo como tal, e ao conjunto deles como profissão, [cabe] elaborar uma imagem do que é a psicopedagogia, pela definição de sua própria identidade ocupacional em conexão com a tarefa, com seus êxitos e dificuldades. A identidade profissional deve ser elaborada mediante uma contribuição intencional e institucionalizada. Não podemos prescindir, em nossa tarefa, nem das atividades de aprendizagem que cada psicopedagogo realiza, em especial com respeito ao seu próprio campo profissional.

A identidade profissional do psicopedagogo se exprime de maneira dinâmica e complexa nas diversas experiências vivenciadas pelo sujeito, tanto no âmbito pessoal quanto no profissional, associadas à sua história de vida, formação e atuação. Esses elementos constituem a maneira como o psicopedagogo pensa e age, relaciona-se consigo próprio e com as outras pessoas e como vive sua profissão. Nesse sentido, não se pode perder de vista que o psicopedagogo é um profissional que lida com o ato de aprender em todos os seus aspectos, ou seja, sua práxis está centrada no processo de aprendizagem.

4.2
O perfil do psicopedagogo

O vocábulo *perfil* remete ao "conjunto de traços psicológicos ou habilidades mais ou menos padronizadas que tornam alguém apto para determinado posto, encargo ou responsabilidade" (Houaiss, 2018). Já o perfil profissional corresponde ao conjunto de habilidades apresentadas pelo sujeito que devem ser compatíveis ao desempenho de determinada profissão.

Conforme Solé (2001, p. 28),

> os psicopedagogos têm diante de si um compromisso complexo, já que se espera deles que contribuam com o conhecimento necessário (mas para quem, qual conhecimento e como se transmite?) para que as pessoas possam superar as dificuldades (mas de que tipo?) que encontram durante

a aprendizagem e consigam aprender mais e melhor (como interpretar estes advérbios?).

A resposta a esses questionamentos está implícita na descrição do perfil profissional do psicopedagogo, assim apresentada pela Associação Brasileira de Psicopedagogia (ABPp):

> O psicopedagogo é o profissional habilitado para atuar com os processos de aprendizagem junto aos indivíduos, aos grupos, às instituições e às comunidades. Desde 2002, pela Classificação Brasileira de Ocupações (CBO) do Ministério do Trabalho e Emprego (MTE), a Psicopedagogia foi inserida na Família Ocupacional 2394-25 dos Programadores, Avaliadores e Orientadores de Ensino. O psicopedagogo é o profissional que deve assegurar:
> a. a produção e divulgação do conhecimento científico e tecnológico relacionado com a aprendizagem humana;
> b. os compromissos éticos e políticos com a Educação de qualidade para todos;
> c. a articulação com os demais profissionais da Educação e da Saúde para a construção de uma sociedade justa, respeitando a equidade e a diversidade, onde todos tenham o direito ao aprender. (ABPp, 2008)

Para tanto, são requeridas algumas habilidades e competências específicas do psicopedagogo:

a. planejar, intervir e avaliar o processo de aprendizagem, nos variados contextos, mediante a utilização de instrumentos e técnicas próprios da Psicopedagogia;
b. utilizar métodos, técnicas e instrumentos que tenham por finalidade a pesquisa e a produção de conhecimento na área;

c. participar na formulação e na implantação de políticas públicas e privadas em educação e saúde relacionadas à aprendizagem e à inclusão social;
d. articular a ação psicopedagógica com profissionais de áreas afins, para atuar em diferentes ambientes de aprendizagem;
e. realizar consultoria e assessoria psicopedagógicas;
f. exercer orientação, coordenação, docência e supervisão em cursos de Psicopedagogia;
g. atuar na coordenação e gestão de serviços de Psicopedagogia em estabelecimentos públicos e privados. (ABPp, 2008)

O psicopedagogo é o profissional preparado para atuar na prevenção, no diagnóstico e no tratamento dos problemas de aprendizagem. Rubinstein (2001, p, 128) acrescenta:

> o psicopedagogo é como um detetive que busca pistas, procurando selecioná-las, pois algumas podem ser falsas, outras irrelevantes, mas a sua meta fundamentalmente é investigar todo o processo de aprendizagem levando em consideração a totalidade dos fatores nele envolvidos, para, valendo-se desta investigação, entender a construção da dificuldade de aprendizagem.

A identidade, o perfil e o campo de atuação do psicopedagogo estão intimamente interligados. Assim, em seu cotidiano profissional, ele deve ser um incentivador da aprendizagem do sujeito; criar um ambiente motivador para a aquisição de aprendizagens da leitura, da escrita, do cálculo, mas sempre levando em consideração o ritmo próprio de desenvolvimento de cada um e lembrando que os processos cognitivos são determinados por condições psiconeurológicas e podem ser alterados de acordo com as relações afetivas e os valores culturais do aprendente; e compreender a importância de trabalhar em interação com os demais profissionais, ou seja, em equipe multidisciplinar.

4.3
O psicopedagogo, o sujeito aprendente e a atuação em equipes multidisciplinares

O psicopedagogo é o profissional que atua nos processos de aprendizagem. E quem é o sujeito aprendente?

Os processos de aprender e ensinar movem o ser humano e dão sentido à sua existência, tornando-o um sujeito aprendente. Nesse contexto, "a Psicopedagogia traz sua contribuição levando o homem a caminhos de sua humanização, do humano que se faz humano pelo olhar de si mesmo, construindo-se e construído a seus próprios caminhos, tomando para si sua autoria" (Alves; Bossa, 2007).

Assim, é preciso recordar que o ser humano é um ser aprendente, ou seja, a aprendizagem faz parte de sua vida desde o momento de seu nascimento. A esse respeito, Fernández (2001a, p. 56) assim se expressa: "desde o início de sua existência, o bebê já está constituindo o sujeito aprendente sempre em relação com a modalidade de ensino e de aprendizagem de seus pais".

A autora exemplifica esse fato com a ação de uma mãe diante do choro do bebê e menciona que a interpretação do choro e a ação resultante partem da genitora na qualidade de sujeito ensinante e aprendente. A decisão sobre o que fazer e como fazer diante do fato são ações subjetivas, nas quais a mãe poderá aprender e ensinar considerando a situação vivenciada. A mãe, nesse momento, deve decidir o que fazer. Ela poderá eleger uma ação definitiva, independentemente da reposta do bebê, ou testar outras ações em que haja espaço entre a certeza e a dúvida e interpretar a reação do bebê. Nesta última opção, a mãe estará em conexão com seu sujeito aprendente, e mãe e bebê poderão aprender.

A autora complementa:

> O sujeito aprendente situa-se nos diversos "entre", mas, por sua vez, os constrói como lugares de produção e lugares transicionais. Entre a responsabilidade que o conhecer exige e a energia desejante que surge do desconhecer insistente. Entre a certeza e a dúvida. Entre o brincar e o trabalhar. Entre o sujeito desejante e o cognoscente. Entre ser o sujeito do desejo do outro e ser autor de sua própria história. Entre a alegria e a tristeza. Entre os limites e a transgressão. (Fernández, 2001a, p. 56)

É possível perceber que o "entre" em relação ao sujeito aprendente e ao sujeito ensinante é um espaço marcado pelas diferenças e contradições e que tanto um quanto o outro coexistem em cada sujeito. Para que o ensino e a aprendizagem aconteçam, é necessário que aquele que ensina e aquele que aprende estejam conectados.

Identidade profissional do psicopedagogo 111

O sujeito aprendente é entendido por Andrade (2002b, p. 80) como "aquele que permite mais claramente buscarmos a compreensão do processo de construção desta autoria". Ele se exprime de diversas maneiras: por seu corpo, pelo desenho, pela linguagem (oral ou escrita), por sua história de vida, pelo protótipo de sua própria autoria, a qual consiste na presença e se confirma na ausência do outro.

Qual é o posicionamento da psicopedagogia perante o sujeito aprendente? Andrade (2002b, p. 19) esclarece:

> A psicopedagogia vai trabalhar a gestação de espaços subjetivos e objetivos que possibilitam a autoria de pensamento. A autoria de pensamento pressupõe espaços de liberdade que se constituem a partir da aceitação das diferenças e do prazer em pensar. E se constitui na medida em que o sujeito possa conceber-se diferente do outro e sinta-se autorizado por este outro a diferenciar-se. O prazer estará na descoberta da possibilidade de criar um objeto sobre o qual terá posse, podendo ainda autorizar ou não que seja conhecido pelo outro.

A autora alerta, contudo, que a psicopedagogia não ocupará o espaço da pedagogia, quando esta trabalha o sujeito do conhecimento, nem da psicologia ou da psicanálise, quando elas concentram seu estudo no sujeito do inconsciente, no sujeito desejante. A psicopedagogia trabalhará na articulação das três, "no espaço de transformação que surge da fecundação entre sujeito cognoscente e sujeito desejante e que possibilita o nascimento do sujeito aprendente" (Andrade, 2006).

Nesse sentido, a psicopedagogia

busca compreender a subjetividade constituída pelo desejo de saber e pela demanda de conhecimento. Nesta perspectiva, o sujeito em situação de aprendizagem, o sujeito aprendente e seu par dialético, e o sujeito ensinante adquirem o estatuto de categorias teóricas, que não podem ser consideradas sinônimo de professor/aluno. (Andrade, 2006)

A psicopedagogia se preocupa em entender a subjetividade implícita no desejo de saber e na ânsia pelo conhecimento. Assim, compete a essa área, por ser multidisciplinar, compreender a subjetividade imposta pelo conhecimento e constituir espaços objetivos e subjetivos que possibilitem ao sujeito desenvolver a criatividade, expressar sua liberdade e a autoria do pensamento.

Beauclair (2006) recomenda que, nos processos de formação do psicopedagogo, ensinantes e aprendentes se autorizem

mutuamente, sendo autores dos pensamentos que constroem, movidos por seus desejos, em busca de seus processos e movimentos de autonomia, indo além do olhar do/a outro/a para reconhecer a autoria de seu pensamento e produção. Importante é perceber que "ensinagem"[1] e "aprendência"[2]

•••••
1 O termo *ensinagem* é "usado para indicar uma prática social complexa efetivada entre os sujeitos, professor e aluno, englobando tanto a ação de ensinar quanto a de aprender, em um processo contratual, de parceria deliberada e consciente para o enfrentamento na construção do conhecimento escolar, decorrente de ações efetivadas em sala de aula e fora dela" (Anastasiou, 2015, p, 20).

2 O termo *aprendência* corresponde ao "estado de estar-em-processo--de-aprender, esta função do ato de aprender que constrói e se constrói, e seu estatuto do ato existencial que caracteriza efetivamente o ato de aprender, indissociável da dinâmica do vivo" (Assmann, 2007, p. 128).

são processos de permissão a autoridade de pensamentos, como movimentos diferenciados e conhecedores da alteridade.

Saiba mais

Prandini (2003, p. 68) assim define alteridade:

> significa constituir-se com outro, ser outro e por isso só pode ser entendida frente a uma outra unidade de Ser diante da qual se constitui outra. É a existência de um Eu que confere ao Outro a possibilidade de existir como alteridade, assim como é o confronto com a alteridade que permite ao Eu reconhecer-se como unidade separada do Outro. Os conceitos de alteridade e identidade são complementares, constituem-se, então, na relação Eu-Outro, para o Eu e para o Outro Eu, relação na qual, por identificação e oposição, delineiam-se os limites de um e de outro e configuram-se um diante do outro.

A ação de ensinar implica assumir um olhar multidisciplinar para a ação de aprender, da qual fazem parte a intencionalidade, o questionamento, o autoposicionamento e a avaliação, levando-se em consideração que todo ensino desencadeia obrigatoriamente a ação de aprender.

Ao longo da vida, o indivíduo vai se formando como sujeito autor, conforme lhe é permitido alternar entre os papéis de ensinante e de aprendente. Nesse sentido, é papel da psicopedagogia reconhecer o sujeito como "processo e ato de produção de sentidos e de reconhecimento de si mesmo como protagonista ou participante de tal produção" (Fernández, 2001a, p. 94), pois o homem é um ser inacabado e a aprendizagem, um processo contínuo.

4.4
A avaliação como atividade inerente ao trabalho do psicopedagogo

O vocábulo *avaliação*, de acordo com o dicionário Houaiss (2018), corresponde à "apreciação ou conjectura sobre condições, extensão, intensidade, qualidade de algo" e, ainda, à "verificação que objetiva determinar a competência, o progresso de um profissional, aluno etc.". A avaliação faz parte de nossa vida, pois a todo momento estamos atribuindo valor a algo; talvez a avaliação até aconteça de maneira inconsciente, mas o fato é que avaliamos e somos avaliados constantemente. Na escola, esse procedimento é imprescindível no processo de ensino e aprendizagem, pois, por meio dele, é possível acompanhar o rendimento dos alunos. E qual é o papel da avaliação na psicopedagogia?

Antes de respondermos a essa pergunta, devemos considerar o que significa *avaliação psicopedagógica*. Recorremos a Solé (2001, p. 86) para essa definição:

> A avaliação psicopedagógica é um processo de coleta e análise de informações relevantes sobre os diferentes elementos que intervêm no processo de ensino e aprendizagem – não somente das competências do aluno, mas também do ambiente educacional – com a finalidade de fundamentar as decisões sobre as respostas educacionais mais adequadas às necessidades do aluno.

A avaliação psicopedagógica é um processo de garimpagem pelo qual se busca conhecer os elementos que interferem na aprendizagem dos alunos. Assim, deve ser uma ação planejada minuciosamente pelo psicopedagogo para "melhor conhecimento do aluno e do contexto educacional com a finalidade de fortalecer seus aspectos positivos e neutralizar os disfuncionais" (Solé, 2001, p. 191).

O objeto principal da avaliação psicopedagógica é entender o "aluno no sistema de ensino e aprendizagem, ou seja, na interação que estabelece com seu professor e com seus colegas em torno dos conteúdos do currículo" (Solé, 2001, p. 190), mas, como a aprendizagem é fruto da interação social, em uma avaliação psicopedagógica, é necessário compreender de forma abrangente a conduta, as competências e as limitações do sujeito.

Na opinião de Coll, Marchesi e Palacios (2007, p. 279), a avaliação psicopedagógica é

> um processo compartilhado de coleta e análise de informações relevantes acerca dos vários elementos que intervêm no processo de ensino e aprendizagem, visando identificar as necessidades educativas de determinados alunos ou alunas que apresentem dificuldades em seu desenvolvimento pessoal ou desajustes com respeito ao currículo escolar por causas diversas, e a fundamentar as decisões a respeito da proposta curricular e do tipo de suportes necessários para avançar no desenvolvimento das várias capacidades e para o desenvolvimento da instituição.

Dessa forma, na avaliação psicopedagógica, procura-se identificar os fatores que provocam as dificuldades de aprendizagem do sujeito para, posteriormente, intervir. Fernández (2001a) ressalta que, em alguns momentos da vida escolar, uma avaliação psicopedagógica se faz necessária. Pode ser realizada, por exemplo, nos primeiros anos, pois esse é o momento em que a criança requer uma resposta diferenciada, ou no decorrer da escolarização, quando é preciso tomar decisões relativas à aprovação do aluno. Essa prática não deve ser aplicada a todos, e sim a quem, por inúmeras razões, apresenta defasagem no processo de aprendizagem.

> **Importante**
>
> As dificuldades de aprendizagem não são uma exclusividade do ambiente escolar. Podem ser advindas de outros contextos, como o familiar, o cultural e o social. O processo de aprendizagem, além do professor e do aluno, envolve vários outros atores. Em uma avaliação psicopedagógica, é preciso averiguar todo o sistema em que o sujeito está inserido.

É importante enfatizar que, em uma avaliação psicopedagógica, vários elementos estão envolvidos: comunidade escolar, composta de equipe pedagógica, professores, alunos, metodologia de ensino, interação professor-aluno e aluno-aluno; crenças e valores veiculados na instituição; políticas públicas educacionais; sistema familiar – a relação do aluno com seus pais, seus irmãos, o contexto sociocultural em que está inserido, entre outros.

A avaliação psicopedagógica envolve as áreas emocional, cognitiva, motora e pedagógica.

Na **área emocional**, avaliam-se os aspectos afetivos do sujeito diante das situações de aprendizagem nos âmbitos pessoal, familiar e escolar, ou seja, analisa-se o comportamento do aluno em seu contexto social e nas relações que trava com a família e com a escola.

Na **área cognitiva**, o objetivo é avaliar o desenvolvimento do raciocínio lógico, a atenção, a concentração e a percepção. A preocupação está voltada aos esquemas e às estruturas consolidados ou em processo de construção.

Na **área motora**, avalia-se o estágio de desenvolvimento dos sistemas nervoso, sensorial e motor do sujeito.

Na **área pedagógica**, a observação recai no desenvolvimento da aprendizagem da escrita (avalia-se a maneira como o aluno "desenha" as letras e segura os instrumentos); na presença de erros ortográficos e nas etapas do desenvolvimento do grafismo (qualidade da escrita e da leitura, ritmo, dificuldades) e do cálculo (relações de quantidade, tamanho, identificação dos signos). Porém, Barbosa (2001, p. 15) adverte que

> uma criança de sete anos que troca letras na escrita não precisa ser encaminhada para uma psicopedagoga ou um psicopedagogo, sem antes existir um trabalho (com toda a turma) de esclarecimento, de reflexão, de percepção das diferenças e das semelhanças de sons e formas gráficas em nossa difícil língua portuguesa; sem antes existir o exercício da concepção (por parte do professor ou da professora) de que a aprendizagem é processual, não é instantânea e as falhas fazem parte deste processo.

A avaliação psicopedagógica é de extrema importância na compreensão das dificuldades de aprendizagem apresentadas pelo aluno, pois é com ela que se definem as estratégias educacionais para auxiliar o sujeito.

No processo avaliativo, cabe ao psicopedagogo ressignificar práticas que suscitem no sujeito o desejo de aprender; reconhecer a subjetividade implícita nas relações de aprendizagem; compreender o próprio processo de aprendizagem, ou seja, ser sujeito aprendente e sujeito ensinante; reconhecer o conhecimento do outro (lembre-se de que o psicopedagogo é um profissional multidisciplinar); atualizar-se constantemente; ser um observador minucioso e flexível; estabelecer vínculos, pois o homem é um ser social e se estabelece nas relações com o outro; e conhecer bem as atividades desenvolvidas pelo sujeito da aprendizagem, levando em consideração o esforço, as dificuldades, as certezas e as incertezas de aprendizagem de cada um, bem como acreditar no potencial de desenvolvimento desse sujeito.

Para saber mais

Caso queira aprofundar seus conhecimentos sobre avaliação no contexto psicopedagógico, sugerimos a seguinte leitura:

BONALS, J.; SANCHEZ-CANO, M. **Avaliação psicopedagógica**. Porto Alegre: Artmed, 2008.

4.5
O profissional psicopedagogo diante das intervenções

A palavra *intervenção* é derivada do latim *interventĭo* e significa o "ato de tomar parte em uma discussão, emitindo opiniões ou contribuindo com ideias" (Michaelis, 2018).

Na área da psicopedagogia, há bastante referencial bibliográfico sobre a atuação do psicopedagogo e o processo diagnóstico; entretanto, a bibliografia sobre intervenção psicopedagógica, sobre as técnicas que diferenciam o atendimento psicológico do pedagógico, é escassa. Segundo Corrêa (2002, p. 179), a omissão das práticas nessa área do conhecimento se deve ao fato de que

> o significado do silêncio sobre o aspecto interventivo (ou seja, como é necessário atuar diante de um sujeito diagnosticado como apresentando dificuldades de aprendizagem) constitui-se no fato de que não existem caminhos definidos sobre a atuação do psicopedagogo; o que existe são práticas construídas no dia a dia empiricamente, sem que o apoio teórico apareça como fator indispensável. Esse fenômeno, o qual denomino movimento comissivo por omissão, faz com que muitos sujeitos que deveriam vivenciar processos genuinamente psicopedagógicos sejam "tratados" com professores particulares intitulados psicopedagogos, ou por psicólogos novamente rotulados pela Psicopedagogia.

Scoz (2009) corrobora o exposto e menciona que na educação brasileira não se construiu uma política segura de intervenção que possibilite à escola ser uma instituição capaz de ensinar e contribuir para a superação de problemas de aprendizagem. Para isso, "seria necessário que os educadores adquirissem conhecimentos que lhes possibilitem compreender sua prática e os meios necessários para suscitar o progresso e sucesso dos alunos" (Scoz, 2009, p. 64).

Portanto, é fundamental que o psicopedagogo tenha clareza de seu papel na intervenção psicopedagógica. Nesse sentido, é preciso considerar que a intervenção tem como alvo o tratamento ou o encaminhamento do sujeito. De acordo com Bossa (2000, p. 74), o psicopedagogo

> busca não só compreender o porquê de um sujeito não aprender alguma coisa, mas o que ele pode aprender e como. A busca deste conhecimento inicia-se no processo diagnóstico, momento em que a ênfase é a leitura da realidade daquele sujeito, para então proceder à intervenção, que é o propósito do tratamento ou encaminhamento.

A princípio, no campo da intervenção psicopedagógica clínica, houve a preocupação com o desenvolvimento de metodologias que melhor atendessem os portadores de dificuldades, ou seja, os excluídos, com o objetivo de propiciar a reeducação ou a remediação e, assim, promover o desaparecimento do sintoma (Scoz, 2009). Já no campo da psicopedagogia institucional, a intervenção é realizada com base na história e nas características próprias da organização, pois as mudanças que ocorrem nos subsistemas de uma instituição são fatores que determinam o estado em que esta se encontra. Além disso, não se pode esquecer que os sistemas sofrem influências dos meios interior e exterior.

É importante salientar que a intervenção se inicia na fase do diagnóstico. Assim, para estabelecer o critério de intervenção, deve-se perceber que há algo que impede o processo de ensino e aprendizagem e que justifica uma mediação. Depois, é necessário investigar o que ocasiona o impedimento, pois uma dificuldade de aprendizagem pode advir de vários fatores.

Rubinstein (2001, p. 24) indica alguns critérios que justificam uma intervenção e afirma que "é preciso perceber que há: falta de interesse e reduzida necessidade de aprender [que] pode estar em um processo educacional malconduzido [e que] a complexidade da natureza das dificuldades de aprendizagem convive com a multiplicidade das formas de intervenção".

Na instituição escolar, a intervenção psicopedagógica, geralmente, ocorre de forma preventiva, com o objetivo de compreender, explicitar e modificar o processo educacional. Nesse caso, o psicopedagogo, por meio da mediação entre os alunos e seus objetos do conhecimento, propõe-se a identificar os problemas que afetam a aprendizagem para, posteriormente, saná-los. Assim, no processo de intervenção,

> é fundamental falar dos aspectos positivos do paciente, nos aspectos que levam à valorização do que faz melhor, nas relações desses pontos com a perspectiva de melhoria escolar ou de seu futuro em geral. Esse momento é importante para a reformulação da autoimagem e de avaliações distorcidas feitas pelos pais. (Weiss, 2012, p. 131)

Uma intervenção psicopedagógica será mais exitosa se acontecer no ambiente em que o sujeito realiza suas atividades e pelas pessoas que se envolvem com ele em seu dia a dia, pois os processos de aprendizagem estão diretamente relacionados à socialização e à integração dos alunos no contexto socioeducacional do qual fazem parte.

Aqui, são oportunas as palavras de Porto (2006, p. 116), quando faz referência à psicopedagogia institucional e explica que ela está vinculada a uma concepção crítica da Psicopedagogia e, consequentemente, da educação, que muito tem a contribuir com as situações de não aprendizagem na escola e com sua consequente superação. Desta forma, a ação do psicopedagogo está centrada na prevenção do fracasso e das dificuldades escolares, não só do aluno como também dos educadores e demais envolvidos neste processo. Para tanto, é necessário que a intervenção psicopedagógica invista na melhoria das relações de aprendizagem e na construção da autonomia não só dos alunos, mas, principalmente, dos educadores. A construção da autonomia do professor, a postura crítica em relação a sua ação pedagógica e o desenvolvimento da autoria de pensamento pode acontecer [sic] pela intervenção psicopedagógica na escola.

A intervenção psicopedagógica tem como objetivo "auxiliar o resgate da instituição com o saber e, portanto, com a possibilidade de aprender. A reflexão sobre o individual e o coletivo traz a possibilidade da tomada de consciência e da inovação por meio da criação de novos espaços de relação com a aprendizagem" (Porto, 2006, p. 116). Dessa maneira, além de contribuir para a prevenção do fracasso escolar, a intervenção psicopedagógica ajuda o sujeito a recuperar sua autoestima e sua autonomia.

Síntese

Neste capítulo, tratamos da identidade do psicopedagogo. Explicamos que é a identidade que diferencia uma pessoa da outra e que ela vai se moldando à medida que o sujeito se percebe como tal e entende a forma como o outro o vê.

No que diz respeito à identidade profissional, mostramos que ela é um processo construído pelo sujeito em seu campo de atuação, sendo constituído por dois polos: o do autorreconhecimento e o do alter-reconhecimento.

No caso do psicopedagogo, o processo identitário está vinculado à psicopedagogia clínica ou à psicopedagogia institucional e exprime-se de maneira dinâmica e complexa nas diversas experiências vivenciadas tanto no âmbito pessoal quanto no profissional.

Argumentamos que o perfil profissional corresponde ao conjunto de habilidades compatíveis com o desempenho de determinada profissão e que o psicopedagogo é o profissional preparado para atuar na prevenção, no diagnóstico e no tratamento dos problemas de aprendizagem.

Na sequência, esclarecemos que a psicopedagogia se preocupa em entender a subjetividade implícita no desejo de saber e na ânsia pelo conhecimento e que, por ser uma área multidisciplinar, compete a ela compreender essa subjetividade imposta pelo conhecimento, constituir espaços objetivos e subjetivos que possibilitem ao sujeito desenvolver a criatividade, bem como expressar sua liberdade e a autoria do pensamento.

Explicamos também que a avaliação é uma atividade inerente ao trabalho do psicopedagogo, constituindo um processo de garimpagem pelo qual se busca conhecer os elementos que interferem na aprendizagem dos alunos. O objetivo é entender os fatores que provocam as dificuldades de aprendizagem do sujeito para, posteriormente, intervir, tendo em vista que a avaliação psicopedagógica envolve as áreas emocional, cognitiva, motora e pedagógica.

Por fim, destacamos que uma intervenção psicopedagógica será mais exitosa quando ocorrer no ambiente em que o sujeito realiza suas atividades e pelas pessoas que se envolvem com ele no dia a dia, pois os processos de aprendizagem estão diretamente relacionados à socialização e à integração dos alunos no contexto socioeducacional do qual fazem parte.

Atividades de autoavaliação

1. Sobre a identidade, é correto afirmar:
   I) A identidade profissional se manifesta como um processo que o sujeito constrói em seu campo de atuação.
   II) A identidade profissional é um jogo de reconhecimento do indivíduo com seu ambiente de trabalho.
   III) A identidade profissional é construída com base na significação e na ressignificação social de determinada profissão e, ainda, em práticas já consagradas culturalmente e que são significativas.
   IV) A identidade deve ser entendida como um dado adquirido, uma propriedade ou um produto.

   Agora, assinale a alternativa correta:

   a) As afirmações I, II, III estão corretas.
   b) As afirmações I e IV estão corretas.
   c) Somente as afirmações II e III estão corretas.
   d) As afirmações II, III e IV estão corretas.

Identidade profissional do psicopedagogo 125

2. De acordo com a Associação Brasileira de Psicopedagogia (ABPp), **não** são de competência do psicopedagogo:
   a) a produção e a divulgação do conhecimento científico e tecnológico relacionado com a aprendizagem humana.
   b) a organização de projetos e o auxílio aos problemas de relacionamentos familiares.
   c) os compromissos éticos e políticos com a educação de qualidade para todos.
   d) a articulação com os demais profissionais da educação e da saúde para a construção de uma sociedade justa, respeitando a equidade e a diversidade, em que todos tenham o direito de aprender.

3. O papel da psicopedagogia na relação com o sujeito aprendente consiste em:
   I) captar projetos de desenvolvimento e organizar curso de reciclagem para os sujeitos.
   II) compreender a subjetividade imposta pelo conhecimento.
   III) constituir espaços objetivos e subjetivos que possibilitem ao sujeito desenvolver a criatividade.
   IV) possibilitar ao sujeito expressar sua liberdade e a autoria do pensamento.

   Agora, assinale a alternativa correta:
   a) As afirmações I, II, III estão corretas.
   b) As afirmações I e IV estão corretas.
   c) As afirmações II, III e IV estão corretas.
   d) Somente as afirmações II e III estão corretas.

Identidade profissional do psicopedagogo

4. Em uma avaliação psicopedagógica, é necessário compreender de forma abrangente a conduta, as competências e as limitações do sujeito. Assim, essa área envolve várias outras: emocional, pedagógica, motora, cognitiva. Com base no exposto, relacione as áreas listadas a seguir com as informações correspondentes.

1) Área emocional
2) Área pedagógica
3) Área motora
4) Área cognitiva

( ) Avalia-se o estágio de desenvolvimento dos sistemas nervoso, sensorial e motor do aprendiz.
( ) Avaliam-se o desenvolvimento do raciocínio lógico, a atenção, a concentração e a percepção.
( ) Analisa-se o comportamento do aluno em seu contexto social e nas relações que trava com a família e com a escola.
( ) Observam-se os esquemas e as estruturas consolidados ou em processo de construção do conhecimento.
( ) Avaliam-se os aspectos afetivos do sujeito diante das situações de aprendizagem nos âmbitos pessoal, familiar e escolar.
( ) Observam-se o desenvolvimento da aprendizagem da escrita, da leitura e do cálculo.

Agora, assinale a sequência correta:

a) 4, 1, 3, 2, 1, 3.
b) 3, 4, 1, 4, 1, 2.
c) 3, 2, 1, 3, 1, 4.
d) 1, 2, 4, 2, 3, 1.

5. O diagnóstico psicopedagógico é um processo que:
   I) analisa a situação do aluno com dificuldades no contexto escolar e na sala de aula com o intuito de proporcionar aos professores orientações e instrumentos que permitam modificar o conflito manifesto.
   II) busca esclarecimento de uma queixa, advinda do aluno, da família, do professor.
   III) avalia todos os alunos que frequentam o ambiente escolar.
   IV) norteia o processo de intervenção e deve ser contínuo.

   Agora, assinale a alternativa correta:
   a) Somente a afirmação I está correta.
   b) Somente as afirmações I e II estão corretas.
   c) Somente as afirmações I, II e III estão corretas.
   d) Somente as afirmações I, II e IV estão corretas.

Atividades de aprendizagem

Questões para reflexão

1. De acordo com Bossa (2000, p. 74), o psicopedagogo

   > busca não só compreender o porquê de um sujeito não aprender alguma coisa, mas o que ele pode aprender e como. A busca deste conhecimento inicia-se no processo diagnóstico, momento em que a ênfase é a leitura da realidade daquele sujeito, para então proceder à intervenção, que é o propósito do tratamento ou encaminhamento.

Comente o que você entendeu da explanação de Nádia Bossa e, com o apoio do texto apresentado no capítulo, elabore uma síntese a respeito do assunto.

2. Descreva qual é o papel do psicopedagogo na avaliação e na intervenção psicopedagógica.

Atividade aplicada: prática

1. Refletir sobre o tema da identidade implica questionar: Quem sou eu? Como eu me porto no ambiente profissional? Qual é a minha contribuição para o contexto em que atuo? Após a reflexão sobre esses questionamentos, faça uma projeção de como você imagina que seria sua atuação como psicopedagogo(a) e registre-a por escrito.

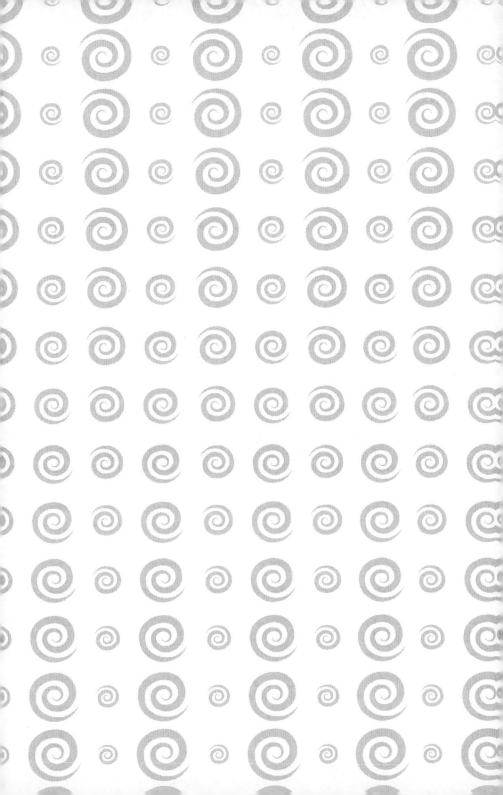

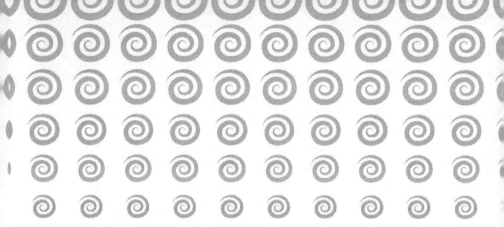

5
A psicopedagogia e suas relações com outras áreas do conhecimento

Neste capítulo, tratamos das relações que a psicopedagogia mantém com outras áreas do conhecimento, começando pela psicologia escolar. Na sequência, apresentamos a distinção entre a psicopedagogia e a pedagogia – cada uma com seu campo próprio de atuação. Abordamos ainda a relação da psicopedagogia com a psicanálise e explicamos a influência do psicodrama nas ações psicopedagógicas, apontando a maneira como a psicopedagogia auxilia nos problemas de aprendizagem e nas relações familiares.

5.1
A interação da psicopedagogia com a psicologia escolar

É na escola que os problemas e as dificuldades de aprendizagem se manifestam. Antes de a criança frequentar o ambiente escolar, dificilmente se detectam as dificuldades de aprendizado. Nesse contexto, a psicopedagogia e a psicologia escolar são necessárias e interagem para colaborar na educação dos sujeitos.

De acordo com Antunes (2008, p. 470), a psicologia escolar

> define-se pelo âmbito profissional e refere-se a um campo de ação determinado, isto é, o processo de escolarização, tendo por objeto a escola e as relações que aí se estabelecem; fundamenta sua atuação nos conhecimentos produzidos pela psicologia da educação, por outras subáreas da psicologia e por outras áreas de conhecimento.

Saiba mais

Convém considerar a distribuição descrita por Antunes (2008, p. 470, grifo do original):

> Psicologia educacional e psicologia escolar são intrinsecamente relacionadas, mas não são idênticas, nem podem reduzir-se uma à outra, guardando cada qual sua autonomia relativa. A primeira é uma **área de conhecimento** (ou subárea) e, grosso modo, tem por finalidade produzir saberes sobre

o fenômeno psicológico no processo educativo. A outra constitui-se como **campo de atuação profissional**, realizando intervenções no espaço escolar ou a ele relacionado, tendo como foco o fenômeno psicológico, fundamentada em saberes produzidos, não só, mas principalmente, pela subárea da psicologia, a psicologia da educação.

No final do século XIX, a psicologia adentrou o ambiente educacional com o intuito de classificar as crianças que apresentam dificuldades e propor métodos especiais para educá-las conforme os padrões de normalidade vigentes na sociedade. Assim, no início, ela se restringia apenas à aplicação de instrumentos, pois foram transportados para o interior das instituições educativas os procedimentos e o instrumental do modelo clínico de atuação.

Esse modelo de intervenção pautado na patologização e na psicologização do ambiente escolar isentava as instâncias de suas responsabilidades com a educação e atribuía ao próprio aluno a culpa por suas dificuldades de aprendizagem. Oliveira e Marinho-Araújo (2009, p. 650) assim explicam esse fato:

> o vínculo inicial da relação entre a Psicologia e a Educação, que se caracterizava pela aplicação acrítica das teorias psicológicas às questões educacionais, não se manteve ao longo da história entre esses dois campos científicos, dando lugar a uma relação de interdependência. A aplicabilidade da Psicologia à Educação foi fortemente criticada por não se entender como adequado o uso dos conhecimentos psicológicos para adaptar

os alunos à escola, normatizando posturas, princípios e relações de acordo com o que é esperado pela instituição. Além disso, a aplicação dos conhecimentos psicológicos na educação sem a devida reflexão, análise e planejamento, acabavam [sic] por gerar processos de exclusão em relação a um conjunto de alunos, uma vez que tais conhecimentos eram apropriados de forma descontextualizada e sem referência à natureza histórico-cultural do ser humano, desconsiderando a realidade social dos alunos e de suas famílias.

Esses acontecimentos só se alteraram a partir de 1980, quando profissionais atuantes na área da psicologia escolar reviram suas práticas e passaram a evitar culpar as crianças e as famílias pelas dificuldades ocorridas no ambiente escolar. Foram construídos novos instrumentos de avaliação a fim de compreender as queixas escolares, e a formação dos professores e profissionais militantes na saúde foi repensada.

De acordo com Pontes (2010, p. 423-424), as ações psicopedagógicas nas escolas têm caráter preventivo e de assessoramento:

> O trabalho do psicopedagogo na escola é de prevenção das dificuldades de aprendizagem. Ou seja, vai fazer um trabalho institucional: averiguar a formação dos professores; o currículo que está sendo dado e se está sendo adequado às necessidades dos alunos. E a partir dessas necessidades, se o professor está ou não preparado para atender ao aluno. O psicopedagogo vai intervir na formação do professor, supervisor ou orientador pedagógico.

Importante

Intervir não significa "manipular". A intervenção tem o objetivo de auxiliar o sujeito a refletir na busca por respostas aos próprios questionamentos. A manipulação desconsidera os interesses do indivíduo.

O psicopedagogo assume na escola o papel de mediador entre a instituição e a família do aluno. A esse respeito, Alencar et al. (2013, p. 27) acrescentam:

> O psicólogo no contexto escolar desenvolve um trabalho de diagnóstico aliado as intervenções pedagógicas, de alunos com dificuldade de aprendizagem, agregando valores pessoais, familiares, comunitários e da escola, estabelecendo entre os vários segmentos de ensino a influência destes em contribuir com os procedimentos educacionais de forma que sejam atendidas às necessidades individuais e garanta a integridade do ser.
>
> Já o psicopedagogo busca entender de forma geral, ou seja, o contexto interno e externo, bem como se utiliza de vários saberes para atuar junto a questões cognitivas, emocionais, orgânicas, familiares, sociais e pedagógicas que permeiam a aprendizagem, produzindo estratégias para proporcionar um processo de ensino-aprendizagem satisfatório.

A função desses dois profissionais no ambiente escolar é abrangente, mas delimitada conforme a formação de cada um. Porém, salientamos que, apesar de cada profissão ter suas peculiaridades, existem alguns pontos em comum – como o objetivo de promover a aprendizagem e o desenvolvimento dos aspectos biopsicossociais do sujeito. Nesse sentido, tanto o trabalho do psicólogo escolar quanto o do psicopedagogo são de suma importância nas instituições escolares, pois contribuem para o aprimoramento do processo de ensino e aprendizagem. Assim, é necessário que esses profissionais atuem em harmonia, a fim de criar um ambiente acolhedor para aqueles que precisam de ajuda.

5.2
Psicopedagogia e pedagogia

A relação entre a psicopedagogia e a pedagogia vem de longa data. Há pesquisadores que mencionam que a psicopedagogia surgiu de uma lacuna deixada pela psicologia e pela pedagogia, entretanto, como afirmamos anteriormente, a psicopedagogia chegou ao Brasil por meio dos exilados argentinos e, em virtude da regulamentação legal, foi na escola que encontrou espaço para se desenvolver. Nesse momento, podemos dizer que se inicia de fato a relação entre essas duas áreas do conhecimento.

A psicopedagogia tem por objeto de estudo o processo de ensino e aprendizagem e considera que o ato de aprender abrange as condições cognitivas, afetivas, criativas e associativas. Mas o que se entende por *pedagogia*?

Buscamos a resposta a essa pergunta em Antunes (2008, p. 470):

A pedagogia pode ser entendida como fundamentação, sistematização e organização da prática educativa. A preocupação pedagógica atravessa a história, sustentando-se em diferentes concepções filosóficas, constituindo-se sob diversas bases teóricas e estabelecendo várias proposições para a ação educativa. Com o desenvolvimento das ciências a partir da modernidade, o conhecimento científico tornou-se sua principal base de sustentação.

A pedagogia é a área do conhecimento que se fundamenta em teorias e concepções para estudar os fenômenos e as práticas educativas e tem por intuito sistematizar e organizar as ações pedagógicas nas instituições escolares. Gasparian (1997, p. 24) ressalta que "a escola caracteriza-se como um espaço concebido para realização do processo de ensino/aprendizagem do conhecimento historicamente construído; lugar no qual, muitas vezes, os desequilíbrios não são compreendidos".

É nesse contexto que a psicopedagogia pode ofertar sua contribuição à pedagogia, no sentido de "equilibrar" o processo de ensino e aprendizagem, pois, para o psicopedagogo, "aprender é um processo que implica pôr em ações diferentes sistemas que intervêm em todo o sujeito: a rede de relações e códigos culturais e de linguagem que, desde antes do nascimento, têm lugar em cada ser humano à medida que ele se incorpora a sociedade" (Bossa, 2000, p. 51).

A instituição escolar enfrenta vários desafios – acolhimento ao aluno e a suas famílias, atendimento aos professores e à equipe pedagógica, entre outros. De acordo com Oliveira (2009, p. 42),

O psicopedagogo contribui preventivamente desenvolvendo trabalhos que possibilitem a integração entre o que se sabe e o que se faz e sente. É necessário um trabalho que envolva o âmbito grupal, visualizando nele os sujeitos cognitivos, afetivos, sociais e biológicos em movimento. O profissional deve ter uma visão vertical e horizontal do processo grupal, de maneira que a relação entre as histórias individuais e as grupais seja aproveitada como experiência para o crescimento e a criação de uma autonomia que se fortifique no interior do grupo e reflita no funcionamento da instituição, para que esta alcance seus objetivos.

Nesse sentido, o psicopedagogo, ao atuar na escola ou ao fazer uso dos conhecimentos adquiridos na clínica, deve ter clareza de que os locais de atuação são diferentes. Assim, ainda que a experiência da clínica possa auxiliar em sua atuação nas instituições escolares, não se deve transferir o consultório para a escola, haja vista que tanto a clientela quanto o ambiente são diversificados. Fernández (2001a, p. 35-36) acrescenta que o psicopedagogo na escola

> é alguém que convoca todos a refletirem sobre sua atividade, a reconhecerem-se como autores, a desfrutarem o que têm para dar. Alguém que ajuda o sujeito a descobrir que ele pensa, embora permaneça muito sepultado, no fundo de cada aluno e de cada professor. Alguém que permita ao professor ou à professora recordar-se de quando era menino ou menina. Alguém que permita a cada habitante da escola sentir a alegria de aprender para além das exigências de currículos e notas.

Despertar no aluno o desejo de aprender é um grande desafio imposto às escolas nos dias de hoje, especialmente por parte do professor, que precisa reaprender a cada dia e buscar novas metodologias que suscitem no aluno o desejo pelo conhecimento. Dessa forma, a psicopedagogia, "como área que estuda o processo ensino/aprendizagem, pode contribuir com a escola na missão de resgate do prazer no ato de aprender e da aprendizagem nas situações prazerosas" (Barbosa, 2001, p. 53).

Esse autor, contudo, faz um alerta:

> transformar a aprendizagem em prazer não significa realizar uma atividade prazerosa, e sim descobrir o prazer no ato de: construir ou de desconstruir o conhecimento; transformar ou ampliar o que se sabe; relacionar conhecimentos entre si e com vida; ser coautor ou autor do conhecimento; permitir-se experimentar diante de hipóteses; partir de um contexto para a descontextualização e vice-versa; operar sobre o conhecimento já existente; buscar o saber a partir do não saber; compartilhar suas descobertas; integrar ação, emoção e cognição; usar a reflexão sobre o conhecimento e a realidade; conhecer a história para criar novas possibilidades. (Barbosa, 2001, p. 53)

Assim, nas instituições escolares, o psicopedagogo pode contribuir preventivamente para a melhoria do processo de ensino e aprendizagem; promover a integração dos sujeitos, por meio de trabalhos em equipe; auxiliar no fortalecimento das relações entre família e escola mediante a elaboração de projetos educativos; ministrar cursos que visem ao aprimoramento e à formação de professores; participar de equipes multidisciplinares, entre outras atividades.

A psicopedagogia contribui também com a pedagogia nos diferentes níveis de atuação na instituição escolar:

> Primeiro, o psicopedagogo atua nos processos educativos com o objetivo de diminuir a frequência dos problemas de aprendizagem. Seu trabalho incide nas questões didático-metodológicas, bem como na formação e orientação dos professores, além de fazer aconselhamento aos pais. Na segunda atuação, o objetivo é diminuir e tratar dos problemas de aprendizagem já instalados. Para tanto, cria-se um plano diagnóstico, a partir do qual procura-se avaliar os currículos com os professores, para que não se repitam transtorno, estamos prevenindo o aparecimento de outros. (Bossa, 2000, p. 102)

A contribuição do psicopedagogo no âmbito educativo ocorre tanto na prevenção quanto na intervenção e é de suma importância que a psicopedagogia e a pedagogia caminhem juntas a fim de dirimir os desafios enfrentados pelas escolas, os quais consistem em diagnosticar as dificuldades de aprendizagem e, ao mesmo tempo, elaborar propostas de intervenção que colaborem na superação dos problemas de aprendizagem dos sujeitos.

5.3
Psicopedagogia e psicanálise

A psicanálise foi criada pelo médico neurologista austríaco Sigmund Freud e tem por intuito explicar de que maneira a mente humana funciona a fim de tratar os distúrbios mentais e as neuroses considerando a relação entre o inconsciente e os comportamentos vivenciados pelo sujeito.

Saiba mais

Sigmund Freud nasceu no dia 6 de maio de 1856 em Freiberg, uma cidade na região da Morávia onde hoje fica a República Tcheca, e morreu em Londres, na Inglaterra, no dia 23 de setembro de 1939. Em 1873, ingressou na Universidade de Viena para estudar Medicina e concluiu o curso em 1881. Com a publicação de *Tratamento psíquico* em 1890, demonstrou a ideia de tratamento da alma, em que o infantil e o passado são vistos como causas de doenças psíquicas. Em 1896, começou a usar o termo *psicanálise* e, em 1900, publicou o livro *A interpretação dos sonhos*, com uma rigorosa análise das palavras pronunciadas pelo sujeito, de suas associações de ideias, de seus pensamentos e de seus sentimentos. O primeiro sinal de aceitação da psicanálise no meio acadêmico surgiu em 1909, quando foi convidado a dar conferências nos Estados Unidos. Em 1923, teve de retirar um tumor do palato e, depois dessa cirurgia, passou a ter dificuldade para falar. Em 1938, os nazistas tomaram Viena. Como Freud era de origem judaica, foi obrigado a se refugiar em Londres e lá passou os últimos dias de sua vida.

Fonte: Elaborado com base em Frazão, 2016.

De acordo com a Ordem Nacional dos Psicanalistas (2013),

a psicanálise não é uma ciência, mas sim uma arte, que tem como objetivo a investigação e compreensão do inconsciente e é considerada como uma forma de tratamento das psiconeuroses que acometem os seres humanos. Seu método de tratamento consiste em: 1 – livre associação de ideias; 2 – interpretação dos sonhos; e 3 – análise dos atos falhos.

A psicanálise "mergulha" no inconsciente do sujeito, busca conhecer seus sonhos, para encontrar a solução para seus conflitos internos e ajudá-lo a se autoconhecer.

Inicialmente, é importante ressaltar que

> a Psicanálise contribuiu para a Educação com uma teoria do desenvolvimento humano e o conhecimento do aparelho psíquico. [...]
>
> Em segundo lugar, a Pscicanálise contribuiu para a entrada, no campo da Pedagogia, de novos elementos de reflexão acerca dos processos educativos, nomeadamente a questão do *transfert* e *contra-transfert*, a importância dos mecanismos da identificação projectiva no quadro da aprendizagem e da relação educativa, e a identificação das angústias e medos presentes nessa relação. A conjugação destes dois contributos chama a atenção para a importância da história pessoal e da compreensão dos significados e motivos, conscientes e inconscientes, inerentes a todos os comportamentos. (Franco; Albuquerque, 2010, p. 174)

A abordagem psicanalítica contribui para a educação, especialmente, na compreensão dos aspectos psicoafetivos e cognitivos do desenvolvimento infantil.

E de que maneira a psicanálise auxilia a psicopedagogia?

A psicanálise é de extrema importância na ação psicopedagógica, pois é comum, na instituição escolar, identificar crianças que apresentam dificuldades de aprendizagem advindas de causas não orgânicas, quais sejam, baixa autoestima, *bullying*, traumas ocasionados por problemas familiares e sociais, entre outros. O professor e a família, na maioria das vezes, não se sentem preparados para lidar com esses conflitos e recorrem aos psicopedagogos, que, por sua vez, buscam na psicanálise embasamento para auxiliar no tratamento do aluno.

Saiba mais

Bullying é um vocábulo derivado da língua inglesa que se refere à violência física ou psicológica, aplicada de forma intencional e continuada, que um sujeito sofre por parte de outra pessoa ou de um grupo de pessoas. Trata-se de um fato recorrente nas escolas brasileiras nos últimos anos.

> No Brasil, não são incomuns os casos de alunos que são flagrados dentro de escolas com armas de fogo. Em 2003, em Taiúva (SP), um ex-aluno voltou à escola e atirou em seis alunos e numa professora, que sobreviveram ao ataque. Era ex-obeso e vítima de *bullying*, e após o atentado, cometeu suicídio. Em 2004, em Remanso (BA), um adolescente matou dois e feriu três após sofrer humilhações (era também vítima de *bullying*). Em 2008, um adolescente de 17 anos, no Rio de Janeiro, morreu depois de ser espancado na escola, por conta de um corte de cabelo. Os alunos tinham por "brincadeira" dar socos em colegas no caso de novo corte de cabelo. Como a vítima não gostou e reagiu, mais de 10 alunos o agrediram e ele morreu quatro dias depois, tendo como causa contusão no crânio. (Calhau, 2010, p. 3-4)

Os atos agressivos se manifestam por diversos motivos – se um aluno alcança as melhores notas na sala, se consideram um mais bonito, se acham uma criança muito gorda ou muito magra etc.

Sampaio (2011, p. 27) corrobora o exposto e afirma que "não é apenas o bom desenvolvimento cognitivo que implica uma boa aprendizagem. Fatores de ordem afetiva e social também influem de forma positiva ou negativa nesta aprendizagem". A autora acrescenta:

> Os estudos da Psicanálise revelaram a existência de vínculos positivos e negativos do sujeito com o objeto de aprendizagem, que surgem em diferentes intensidades. Estes vínculos podem ser estudados com as perspectivas histórica e a-histórica. A primeira diz respeito aos contatos iniciais com a mãe e às situações posteriores ao longo da vida, cada qual incidindo sobre as aprendizagens anteriores, modificando-as positiva ou negativamente, a segunda refere-se às situações vividas pelo sujeito no momento presente. (Sampaio, 2011, p. 27)

Isso indica que os sujeitos podem apresentar o mesmo nível cognitivo, porém podem reagir de maneira diferente às situações, pois recebem influências do contexto em que estão inseridos.

A psicanálise contribui com a psicopedagogia no estudo da personalidade, da maneira como o sujeito percebe a si próprio e de como lida com seus impulsos e desejos.

5.4
Psicodrama e psicopedagogia

O psicodrama foi criado por Jacob Levy Moreno e é uma proposta de intervenção que utiliza técnicas de dramatização[1] para lidar com os conflitos travados pelo indivíduo ou por um grupo. De acordo com Moreno (1974, p. 31), "O psicodrama está centrado no protagonista (no problema privado do protagonista) ou centrado no grupo (no problema do grupo). Em geral, é importante que o tema, privado ou coletivo, seja um problema verdadeiramente sentido pelos participantes (reais ou simbólicos)". Para Moreno (1974), o homem é um ser em relação e seu crescimento depende das interações que ele realiza consigo próprio.

De acordo com Marques (2018), o psicodrama "possibilita o desempenho livre de papéis e seus vínculos ampliando a espontaneidade e a criatividade. Jacob Levy Moreno criou o Psicodrama com base em sua própria visão de que cada indivíduo é um ser em relação". Marques (2018) explica ainda que

> O Psicodrama é uma abordagem psicoterápica em grupo, de determinada situação relativa a um indivíduo ou mesmo ao próprio grupo, visando à exploração da mente. Para entender o conjunto de processos que formam o indivíduo, o Psicodrama propõe a ampliação de sua visão, sob a representação dramatizada de três perspectivas distintas: Indiferenciação do Eu; Visão do Eu e Visão do Outro.

• • • • •
1 Conforme Marques (2018), "Drama significa ação ou realização".

Moreno, na operacionalização do psicodrama, desenvolveu técnicas para que o sujeito, protagonista da dramatização, consiga enxergar a si próprio e o problema que está vivenciando. Entre elas, estão a dramatização da cena, a técnica do espelho e a inversão de papéis (Marques, 2018).

O psicodrama pode auxiliar a ação psicopedagógica na comunicação verbal, quando o sujeito não consegue expressar seus sentimentos por diversas razões. Nas palavras de Beauclair (2007),

> É possível observar a inter-relação entre o Psicodrama e a Psicopedagogia, visto que esta última destina-se a intervir em situações diversas como: casos de insubordinação e inadaptação escolar, baixo rendimento em uma ou várias áreas do conhecimento, ausência de motivação para atividades pedagógicas, baixa autoestima, bloqueios na espontaneidade e criatividade. Estas duas áreas podem ser trabalhadas de forma integrada, enquanto a Psicopedagogia trabalha com as modalidades de aprendizagem, o Psicodrama visa oferecer mecanismos para trabalhar os aspectos emocionais frente às fissuras ou dificuldades que o sujeito venha a apresentar nos seus esquemas de operatividade sobre o mundo.

As atividades lúdicas são caminhos que propiciam essa integração do psicodrama com a psicopedagogia, haja vista que, por meio delas, o sujeito expressa sua criatividade tanto em nível individual quanto em atividades em grupo.

A ação psicopedagógica aliada ao psicodrama aguça, por meio de brincadeiras e jogos dramáticos, especialmente pelas vivências e cenas do aqui e do agora, mecanismos de raciocínio, colabora com a exploração de si e coopera nas relações grupais. De acordo com Fernández (2001a), as técnicas psicodramáticas permitem ao sujeito trabalhar com o corpo, com a inteligência e com o desejo, ou seja, ressignificar aspectos subjetivos, além de possibilitar a ele ser o autor de suas interpretações.

Segundo Romaña (1996, p. 29), "como método didático, o psicodrama garante a aquisição do conhecimento em nível intuitivo e em nível intelectual, mas também leva a uma participação maior do aluno e à utilização do seu corpo, permitindo ao professor-orientador, a condução do grupo como unidade".

Assim, o psicodrama psicopedagógico envolve o aluno de forma integral, pois contempla sua história de vida, as experiências vivenciadas por ele fora da sala de aula, mas que podem interferir em seu processo de aprendizagem. Além disso, quando trabalhadas em grupo, as técnicas de dramatização auxiliam na socialização e na integração.

Em resumo, as técnicas do psicodrama enriquecem o fazer psicopedagógico porque trabalham tanto o sujeito individual quanto as relações grupais, principalmente quando se utiliza o jogo psicodramático, que trabalha com a fantasia e a realidade interior do sujeito.

5.5
Psicopedagogia, problemas de aprendizagem e relações familiares

Quais são as causas dos problemas de aprendizagem? Será que as relações familiares interferem nesse processo? Como a psicopedagogia pode auxiliar nesse contexto? Esses são alguns questionamentos que norteiam a reflexão proposta nesta seção.

Inicialmente, é importante ressaltar que as dificuldades de aprendizagem são incapacidades apresentadas pelo sujeito diante de novas situações e que podem ser oriundas de fatores tanto orgânicos quanto emocionais. Qualquer desarranjo que ocorra no desenvolvimento do sujeito reflete no processo do aprender. Se a criança na sala de aula está sonolenta, cansada, agitada, triste, não tem vontade de participar de nenhuma atividade, ela merece atenção por parte do professor e das pessoas que convivem com ela na escola.

De acordo com Nunes, Buarque e Bryant (1997, p. 21), os problemas de aprendizagem

> podem ser classificados em sintoma, inibição cognitiva e reativa. Nos dois primeiros casos, as origens e causas encontram-se ligadas à estrutura individual e familiar do indivíduo que "fracassa" em aprender. No último, relacionam-se ao contexto socioeducativo. Ou seja, a questões didáticas, metodológicas, avaliativas, relacionais. É importante salientar que nos problemas

de aprendizagem reativos o fracasso escolar pode demandar redimensionamento que englobe desde órgãos superiores responsáveis pela educação no país até as salas de aula.

Conforme Paín (1986), os problemas de aprendizagem são de duas categorias. A primeira diz respeito aos problemas educacionais que têm origem em questões sociais e se instalam no interior das escolas – como preparo inadequado do professor e infraestrutura precária. A segunda categoria se refere a fatores orgânicos, específicos, psicógenos e ambientais.

Os fatores orgânicos estão relacionados a problemas do sistema nervoso e a desordens perceptivo-motoras; os específicos se referem às dislexias, às disortografias, à discalculia etc.; os psicógenos são aqueles de ordem subjetiva; e os ambientais correspondem a aspectos da cultura na qual o sujeito está inserido, tais como meios de comunicação e condições estruturais do local em que vive.

José e Coelho (2000, p. 23) acrescentam que os problemas de aprendizagem podem ser oriundos de fatores orgânicos, ambientais e psicológicos:

- Fatores orgânicos – saúde física deficiente, falta de integridade neurológica (sistema nervoso doentio), alimentação inadequada etc.
- Fatores psicológicos – inibição, fantasia, ansiedade, angústia, inadequação à realidade, sentimento generalizado de rejeição etc.
- Fatores ambientais – o tipo de educação familiar, o grau de estimulação que a criança recebeu desde os primeiros dias de vida, a influência dos meios de comunicação etc.

As autoras mencionam que não é uma tarefa fácil para o professor "classificar" os problemas de aprendizagem; normalmente, ele consegue averiguar apenas que o aluno apresenta alguma dificuldade para aprender.

Qual é a relação da família com a aprendizagem do sujeito?

As primeiras aprendizagens ocorrem no seio familiar. O sujeito aprende a se alimentar, a caminhar, a falar... É a família que lhe dá os primeiros estímulos. Sobre o assunto, Munhoz (2004, p. 180) afirma que

> É observando a interação existente entre os membros da família que podemos compreender como se dá a circulação do conhecimento e o acesso à aprendizagem, visto que cada membro familiar tem uma forma própria de aprender e superar ao construir o próprio conhecimento, ou seja, essa modalidade de aprendizagem que o permite se aproximar do desconhecido, para agregá-lo ao saber.

No cotidiano das famílias, há um aprendizado constante; posteriormente, essas aprendizagens vão se estendendo aos amigos do bairro, à vizinhança e chegam até a escola.

A escola e a família, cada uma com um papel diferente, são instituições que se complementam na formação do sujeito. Segundo Piaget (2007, p. 50),

> Uma ligação estreita e continuada entre os professores e os pais leva, pois, a muita coisa mais que a uma informação mútua: este intercâmbio acaba resultando em ajuda recíproca e, frequentemente, em aperfeiçoamento real dos métodos. Ao aproximar a escola da vida ou das preocupações profissionais dos pais e ao proporcionar reciprocamente aos pais um interesse pelas coisas da escola, chega-se até mesmo a uma divisão de responsabilidades.

Nesse sentido, é preciso que a família e a escola interajam de forma harmoniosa e que cada uma cumpra a parte que lhe compete no que diz respeito às ações educativas e ao bem-estar da criança.

O psicopedagogo atua como mediador entre a escola e a família, tendo em vista que os problemas de aprendizagem advêm de vários fatores e diversos contextos. Assim, compete a esse profissional intervir nos aspectos que ocasionam os obstáculos à aprendizagem, orientando ações individuais e a família.

Síntese

Neste capítulo, abordamos as relações que a psicopedagogia mantém com outras áreas do conhecimento. Apresentamos sua interação com a psicologia escolar e mostramos que é na escola que os problemas e as dificuldades de aprendizagem se manifestam, pois, até a criança frequentar o ambiente escolar, dificilmente se detectam as dificuldades de aprendizado. É nesse contexto que a psicopedagogia e a psicologia escolar interagem para colaborar na educação dos sujeitos. Apesar de cada profissão ter suas peculiaridades, alguns pontos convergem e ambas têm o intuito de promover a aprendizagem e o desenvolvimento dos aspectos biopsicossociais do sujeito.

Na sequência, argumentamos que a relação entre a psicopedagogia e a pedagogia vem de longa data e que o psicopedagogo nas instituições escolares pode contribuir preventivamente para a melhoria do processo de ensino e aprendizagem; promover a integração dos sujeitos por meio de trabalhos em equipe; auxiliar no fortalecimento das relações entre família e escola mediante a elaboração de projetos educativos;

ministrar cursos que visem ao aprimoramento e à formação de professores; participar de equipes multidisciplinares, entre outras atividades.

Explicamos a importância da relação entre a psicopedagogia e a psicanálise, pois é comum na instituição escolar encontrar crianças que apresentam dificuldades de aprendizagem advindas de causas não orgânicas, como problemas de autoestima, *bullying*, traumas ocasionados por problemas familiares e sociais.

O professor e a família, na maioria das vezes, não se sentem preparados para lidar com esses conflitos e recorrem aos psicopedagogos, que, por sua vez, buscam na psicanálise embasamento para auxiliar no tratamento do aluno.

Tratamos também da influência do psicodrama nas ações psicopedagógicas e argumentamos que ele pode auxiliar na comunicação verbal, quando o sujeito não consegue expressar seus sentimentos. Por fim, apontamos as maneiras como a psicopedagogia auxilia na resolução dos problemas de aprendizagem e nas relações familiares.

Atividades de autoavaliação

1. A pedagogia, na visão de Antunes (2008), pode ser entendida como:
   I) uma atividade prática que não precisa de nenhum embasamento teórico.
   II) fundamentação, sistematização e organização da prática educativa.
   III) uma área que se sustenta em diferentes concepções filosóficas, constituindo-se sob diversas bases

teóricas e estabelecendo várias proposições para a ação educativa.

IV) uma área que tem o conhecimento científico como principal base de sustentação.

Agora, assinale a alternativa correta:
a) As afirmações I, II e III estão corretas.
b) As afirmações I e IV estão corretas.
c) Somente as afirmações II e III estão corretas.
d) As afirmações II, III e IV estão corretas.

2. De acordo com Fernández (2001a), sobre a atuação do psicopedagogo na escola, é **incorreto** afirmar:
a) Convoca todos a refletirem sobre sua atividade, a se reconhecerem como autores, a desfrutarem o que têm para dar.
b) Permite a cada habitante da escola sentir a alegria de aprender para além das exigências de currículos e notas.
c) Ajuda o sujeito a descobrir que ele pensa, embora permaneça muito sepultado, no fundo de cada aluno e de cada professor.
d) Fica em uma sala aguardando que os professores e o diretor o procurem, sem se importar com o que acontece no interior da escola.

3. Analise se as afirmações a seguir são verdadeiras (V) ou falsas (F).
( ) O psicodrama foi criado por Sigmund Freud.
( ) O psicodrama é uma proposta de intervenção que utiliza técnicas de dramatização para lidar com os conflitos travados pelo indivíduo ou por um grupo.

( ) O psicodrama pode auxiliar a ação psicopedagógica na comunicação verbal, quando o sujeito não consegue expressar seus sentimentos por diversas razões.
( ) As atividades lúdicas são caminhos que propiciam a integração do psicodrama com a psicopedagogia.
( ) As técnicas psicodramáticas não auxiliam o sujeito no trabalho com o corpo, com a inteligência e com o desejo.

Agora, assinale a sequência correta:

a) V, F, F, V, F.
b) V, F, F, V, V.
c) F, V, V, V, F.
d) V, V, F, V, V.

4. De acordo com José e Coelho (2000), os problemas de aprendizagem podem ser oriundos de três fatores:
   a) orgânicos, ambientais e familiares.
   b) financeiros, sociais e naturais.
   c) familiares, econômicos e sociais.
   d) orgânicos, psicológicos e ambientais.

5. Conforme Pontes (2010), as ações psicopedagógicas nas escolas têm caráter:
   a) preventivo e de assessoramento.
   b) terapêutico e técnico.
   c) assistencial e terapêutico.
   d) organicista e preventivo.

Atividades de aprendizagem

Questões para reflexão

1. Como demonstramos, a psicopedagogia interage com várias áreas do conhecimento, entre elas a psicologia escolar e a pedagogia. Elabore um quadro-resumo com as contribuições dessas duas áreas.

2. Em sua opinião, qual é a principal contribuição do psicodrama para a psicopedagogia?

Atividade aplicada: prática

1. Realize a leitura do texto a seguir e, na sequência, elabore um fichamento.

A psicanálise e sua parceria com a psicopedagogia

A complexidade estrutural e funcional do sujeito, sua subjetividade e aprendizagem são temas importantes para o universo psicopedagógico, principalmente perante as relações sociais constituídas atualmente.

Shirahige e Higa (2004) ressaltam que Freud criticou as práticas educacionais de sua época. No entanto, não há em sua obra tratado sobre a educação. Esse assunto foi englobado em outro, mais geral, o das relações entre o indivíduo e o que ele chamou de "civilização".

Entretanto, muitos teóricos estão realizando, a partir dos conceitos e do método, o uso da psicanálise no campo educativo, começando pelo psicopedagogo, que tem como campo de atuação as dificuldades de aprendizagem que levam ao fracasso escolar.

A psicopedagogia é um campo de estudo que exige novas proposições para ressignificar a relação entre teoria e prática. Nesse sentido, a prática psicopedagógica utiliza técnicas e métodos de outras áreas de conhecimento para fundamentar a sua intervenção, tendo em vista que sua práxis está intrinsecamente ligada ao processo de aprendizagem (Bossa, 2007).

As teorias psicogenéticas do desenvolvimento humano de Piaget (1978), Vygotsky (2007), Wallon (2005) são abordagens imprescindíveis para compreender as diversas complexidades dos processos de aprendizagem, isso porque "a psicopedagogia se preocupa com a aprendizagem humana e com os sujeitos que, ao estarem em processos de aprendências, demonstram dificuldades no aprender" (Beauclair, 2009, p. 31).

Entretanto, algumas intervenções psicopedagógicas baseadas na psicologia genética, por vezes, não conseguem resultados significativos no tratamento relacionado às dificuldades de relacionamento com o outro, aos conflitos emocionais e, de forma geral, ao não aprender, que expressam um mal-estar que o sujeito sente frente a algumas situações vividas por ele, o que está levando os psicopedagogos a recorrerem à psicanálise.

Decerto a teoria freudiana vem ganhando tanto espaço reflexivo nas construções psicopedagógicas quanto [servindo de] base para as práticas em torno da intervenção, pois, à medida que se pensa o fazer psicopedagógico através da psicanálise, é preciso compreendê-la em seus três aspectos, tendo em vista que o seu termo é usado para se referir a uma teoria, a um método de investigação e a uma prática profissional.

O psicopedagogo, ao tecer redes de significados e saberes que buscam dar conta do sujeito e seu aprender, constrói uma prática capaz de promover no sujeito um bem-estar que lhe permita se desenvolver em sua plenitude, na confiança do indivíduo em si e na diminuição de sua angústia frente à vida.

Essa situação está associada ao conceito de libido, que, para Freud, é "uma fonte original de energia afetiva que mobiliza o organismo na perseguição de seus objetivos – é uma energia voltada para obtenção de prazer, ou seja, é uma energia sexual no sentido de que toda busca por afeto ou prazer é erótica ou sexual" (Andrade, 2010, p. 3).

Por isso, é de grande relevância que o psicopedagogo tenha conhecimento da teoria psicossexual de Freud, para que ele possa buscar meios de promover o prazer da criança nas atividades educativas inerentes à escola.

A contribuição da psicanálise à psicopedagogia

A partir dos estágios (fase oral, fase anal, fase fálica, período de latência e fase genital), observa-se o quanto é complexa a construção da psique humana. Diante desse contexto, surge a seguinte pergunta: Como o psicopedagogo pode atuar em torno das concepções psicanalíticas?

A tarefa do psicopedagogo, a mais imediata, é levar a criança a aprender a dominar o seu instinto, sabendo que dar toda a liberdade, sem nenhuma restrição, para a criança desenvolver os seus impulsos pode produzir delinquentes em vez de crianças saudáveis, mas também inibir, proibir, reprimir de forma excessiva os impulsos pode dar origem a distúrbios neuróticos. Por isso, trabalhar de maneira interdisciplinar a interseção entre a psicanálise e a psicopedagogia permite uma dupla construção:

> de um lado, a de um lugar de escuta, isto é, de um lugar de acolhimento das demandas da educação toda vez que os impasses encontrados nos processos de aprendizagem dificultam ou impedem a transmissão do saber; do outro lado, a do que os psicanalistas aprendem com os sintomas revelados pelo que há de ineducável em cada sujeito. (Cohen, 2006, p. 13)

Desta forma, cabe a este profissional encontrar o equilíbrio entre o proibido e a permissão e assim orientar atividades que desenvolvam as duas vertentes supracitadas, envolvendo a escola e a família nas ações que estimulem o prazer.

Kupfer (2007) afirma que a teoria psicanalítica deve ser utilizada para melhor entender as fases de desenvolvimento dos alunos, assim como a formação da personalidade e o nosso próprio desenvolvimento e limitações.

Fonte: Ferreira et al., 2014.

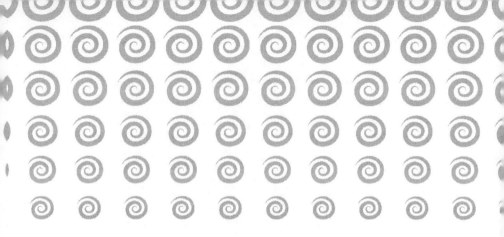

6
Código de ética

Este capítulo trata da importância de um código de ética no desempenho da profissão de psicopedagogo. Inicialmente, abordamos os significados atribuídos ao vocábulo *ética* e também o que esse conceito representa na vida profissional do sujeito. Na sequência, examinamos o projeto de lei que regulamenta a profissão de psicopedagogo e buscamos identificar os princípios, as responsabilidades e os requisitos necessários ao exercício das atividades profissionais do psicopedagogo. Por fim, salientamos a importância do Termo de Consentimento Livre e Esclarecido no exercício da profissão.

6.1
Ética: contextualização

A palavra *ética*, etimologicamente, é derivada do grego *ēthikē* e pode ser entendida como o "conjunto de princípios, valores e normas morais e de conduta de um indivíduo ou de um grupo social ou de uma sociedade" (Michaelis, 2018).

A ética pode ser conceituada como "o caráter pessoal como um padrão relativamente constante de disposições morais, afetivas, comportamentais e intelectivas de um indivíduo" (Gontijo, 2006, p. 129).

Como disciplina teórica, a ética tem por intuito investigar o comportamento do sujeito e suas relações consigo e com o outro com base nos seguintes princípios: justiça, moral, dever, liberdade, responsabilidade, virtude e valor, ou seja, entende-se que, por meio da ética, o ser humano procura maneiras mais apropriadas de agir, de viver e de conviver.

No âmbito da teoria filosófica, Cotrim (2004, p. 264) explica que

> a ética é uma disciplina teórica sobre uma prática humana, que é o comportamento moral. A ética tem também preocupações práticas. Ela orienta-se pelo desejo de unir o saber ao fazer. Como filosofia prática, isto é, disciplina teórica com preocupações práticas, a ética busca aplicar o conhecimento sobre o ser para construir aquilo que deve ser.

Nesse contexto, a ética se configura como uma ação individual do sujeito que tem como intenção nortear suas ações para o bem.

O significado original do vocábulo é bem diferente daquele que atualmente se conhece. Para descrevermos um pouco da história da ética, recorremos às palavras de Gontijo (2006, p. 128):

> A palavra 'ética' provém do adjetivo 'ethike', termo corrente na língua grega, empregado originariamente para qualificar um determinado tipo de saber. Aristóteles foi o primeiro a definir com precisão conceitual esse saber, ao empregar a expressão 'ethike pragmatéia' para designar seja o exercício das excelências humanas ou virtudes morais, seja o exercício da reflexão crítica e metódica (*praktike philosophia*) sobre os costumes (*ethea*). Com o passar do tempo, o adjetivo gradualmente se substantiva e passa a assinalar uma das três partes da filosofia antiga (*logike, ethike, physike*).
>
> O adjetivo *'ethike'*, por sua vez, originara-se do substantivo *'ethos'*, que constitui uma transliteração de dois vocábulos gregos: *éthos* [...] e *êthos* [...]. *Éthos* [...] designa, em primeiro lugar, a morada dos homens e dos animais. É o *éthos* como morada que dá origem à significação do *éthos* como costume, estilo de vida e ação.

A ética corresponde aos padrões estabelecidos em uma sociedade com base em seus valores históricos e culturais. São os limites que os indivíduos se impõem para respeitar as normas (não roubar, não mentir etc.).

É importante ressaltar que cada sociedade tem os próprios códigos de ética. Assim, o que é ético para um grupo social para outro pode ser antiético. Por exemplo, utilizar animais em pesquisas científicas corresponde a princípios éticos que variam de um país para outro.

Saiba mais

Pereira (1991, p. 34) explica que "a ÉTICA não passa apenas pelo normativo. Aliás arriscado normatizá-la. Ademais, não é um código que instituirá a ética, ou uma ética. Ela existe antes e acima do código escrito. O indivíduo para ter uma ética ou seguir uma conduta ética escrita é preciso, antes de tudo, ser um SER ÉTICO".

As profissões também são regidas por normas e regras específicas. Há, por exemplo, a ética médica, a ética jurídica, a ética do psicopedagogo. Assim, a ética profissional "abrange todos os setores profissionais da sociedade industrializada e tem por objetivo interrogar mais amplamente o papel social da profissão, sua responsabilidade, sua função, e sua atitude frente a riscos e ao meio ambiente" (Michaelis, 2018).

No que diz respeito ao psicopedagogo, sua ética é baseada em um conjunto de regras de conduta moral e deontológica que norteiam os profissionais da área psicopedagógica e estão descritas no Código de Ética do Psicopedagogo, aprovado pela Associação Brasileira de Psicopedagogia (ABPp) em 1996, sendo reformulado e aprovado em assembleia geral em 5 de novembro de 2011.

De acordo com a ABPp (2011),

> O Código de Ética tem o propósito de estabelecer parâmetros e orientar os profissionais da Psicopedagogia brasileira quanto aos princípios, normas e valores ponderados à boa conduta profissional, estabelecendo diretrizes para o exercício da Psicopedagogia e para os relacionamentos internos e externos à ABPp – Associação Brasileira de Psicopedagogia.

O Código de Ética do Psicopedagogo regulamenta as seguintes situações: princípios da psicopedagogia; formação do psicopedagogo; exercício das atividades psicopedagógicas; responsabilidades; instrumentos; publicações científicas; publicidade profissional; honorários; e disposições gerais.

No art. 16, indica que cabe ao psicopedagogo cumprir o código, pois, conforme consta no mesmo artigo, em seu parágrafo único:

> Parágrafo único – Constitui infração ética:
> a. utilizar títulos acadêmicos e/ou de especialista que não possua;
> b. permitir que pessoas não habilitadas realizem práticas psicopedagógicas;
> c. fazer falsas declarações sobre quaisquer situações da prática psicopedagógica;
> d. encaminhar ou desviar, por qualquer meio, cliente para si;
> e. receber ou exigir remuneração, comissão ou vantagem por serviços psicopedagógicos que não tenha efetivamente realizado;
> f. assinar qualquer procedimento psicopedagógico realizado por terceiros, ou solicitar que outros profissionais assinem seus procedimentos. (ABPp, 2011)

Portanto, no exercício da profissão, o psicopedagogo, investido de adequada formação, não pode cobrar honorários de serviços não realizados nem assinar procedimentos psicopedagógicos que não tenha pessoalmente executado.

6.2
A regulamentação da profissão

A formação em Psicopedagogia no país, regulamentada pelo Ministério da Educação, é ofertada desde a década de 1970 pelas instituições de ensino superior (IESs) em todo o território nacional, em nível de pós-graduação *lato sensu*, com carga mínima de 360 horas (a maioria dos cursos ministra 600 horas).

A partir de 2006, surgiram os primeiros cursos de graduação em Psicopedagogia no país. O primeiro deles foi ofertado pelo Centro Universitário Fieo (Unifieo), uma instituição privada localizada em Osasco (SP). Em 2009, foi implantado o curso na Universidade Federal da Paraíba (UFPB). Ambos os cursos são ofertados em nível de bacharelado.

Apesar de a demanda pela formação ser imensa, a regulamentação do exercício da atividade em psicopedagogia tem sido palco de grandes debates por parte da sociedade.

A formação na área foi impulsionada pela Lei de Diretrizes e Bases da Educação Nacional (LDBEN) – Lei n. 9.394, de 20 de dezembro de 1996 (Brasil, 1996), a qual indicava que se poderiam formar profissionais da Educação em nível de pós-graduação. Assim, tendo em vista essa prerrogativa,

> somada à informação de que 80% dos alunos que cursavam a Psicopedagogia eram da Educação, a ABPp frente às demandas da sociedade foi impulsionada a desencadear formalmente o projeto de lei n. 3124/97 sobre a regulamentação do exercício da atividade psicopedagógica em 1997, pelo então

Deputado Federal Barbosa Neto (GO) apoiado na premissa que esta atividade viria reduzir o fracasso escolar mediante a revisão do Projeto Educacional Brasileiro com a inserção de um profissional denominado de psicopedagogo. (Noffs, 2016, p. 116)

O projeto ficou em tramitação durante nove anos e, em 2006, dez anos após a promulgação da LDBEN de 1996, a proposta foi arquivada sem ao menos se levar em consideração o parecer favorável da Comissão de Constituição, Justiça e Cidadania.

Em 2008, o Projeto de Lei n. 3.512-B foi apresentado pela Deputada Federal Raquel Teixeira. No texto, defendia-se a urgente revisão do projeto educacional brasileiro e observava-se que a "atuação [do psicopedagogo] visa não apenas a sanar problemas de aprendizagem, considerando as características multidisciplinares da pessoa que aprende, buscando melhorar seu desempenho e aumentar suas potencialidades de aprendizagem" (Brasil, 2018b).

Em 15 de dezembro 2009, o projeto foi aprovado pela Comissão de Trabalho, de Administração e Serviço Público, que entendeu que os psicopedagogos não propõem reserva de mercado e garantiu o exercício da psicopedagogia para profissionais formados nas áreas de psicologia, pedagogia e nas demais licenciaturas, desde que tenham realizado um curso de Psicopedagogia em nível de especialização ou de graduação.

Em 2010, o projeto foi protocolado no Senado Federal sob o n. 31/2010, ampliando o campo de atuação também para os profissionais da fonoaudiologia. Após quatro anos em tramitação, no dia 5 de fevereiro de 2014, o projeto que regulamenta a profissão do psicopedagogo foi aprovado na

Câmara de Assuntos Sociais: "a profissão poderá ser exercida por graduados em Psicopedagogia e também por portadores de diploma superior em Psicologia, Pedagogia ou Licenciatura que tenham concluído curso de especialização em Psicopedagogia, com duração mínima de 600 horas e 80% da carga horária dedicada a essa área" (Brasil, 2018f).

É importante atentar para a carga horária do curso: 600 horas em curso de pós-graduação e 3.200 horas em curso de graduação. Só assim o diploma é válido e o profissional está apto a exercer a profissão em todo o território nacional.

6.3
Princípios e responsabilidades do psicopedagogo

Como toda profissão, o exercício profissional do psicopedagogo é regido por princípios e responsabilidades. Assim, é bom relembrar que

> psicopedagogia trabalha e estuda a aprendizagem, o sujeito que aprende, aquilo que ele está apontando como a escola em seu conteúdo sociocultural. É uma área das Ciências Humanas que se dedica ao estudo dos processos de aprendizagem. [...] é um espaço transdisciplinar, pois se constitui a partir de uma nova compreensão acerca da complexidade dos processos de aprendizagem e, dentro desta perspectiva, das suas deficiências. (Fabricio, 2000, p. 35)

O psicopedagogo não pode perder de vista que o objetivo de seu trabalho é a aprendizagem em todas as suas nuances.

O Código de Ética do Psicopedagogo, no Capítulo I, composto de quatro artigos, dispõe sobre os princípios que regem a profissão. Vejamos cada um deles:

Artigo 1º

A Psicopedagogia é um campo de atuação em Educação e Saúde que se ocupa do processo de aprendizagem considerando o sujeito, a família, a escola, a sociedade e o contexto sócio-histórico, utilizando procedimentos próprios, fundamentados em diferentes referenciais teóricos.

Parágrafo 1º

A intervenção psicopedagógica é sempre da ordem do conhecimento, relacionada com a aprendizagem, considerando o caráter indissociável entre os processos de aprendizagem e as suas dificuldades.

Parágrafo 2º

A intervenção psicopedagógica na Educação e na Saúde se dá em diferentes âmbitos da aprendizagem, considerando o caráter indissociável entre o institucional e o clínico.

Artigo 2º

A Psicopedagogia é de natureza inter e transdisciplinar, utiliza métodos, instrumentos e recursos próprios para compreensão do processo de aprendizagem, cabíveis na intervenção. (ABPp, 2011)

Portanto, o psicopedagogo pode atuar tanto na área da saúde quanto na área da educação, desde que em ambas o objeto de estudo seja a aprendizagem e os fatores que interferem nesse processo. Seu trabalho, de natureza clínica e institucional, tem caráter preventivo e remediativo e é realizado de forma interdisciplinar, uma vez que o desenrolar das ações psicopedagógicas não pode prescindir de outras áreas do conhecimento, a fim de se compreender o ato de aprender.

Melo (2000, p. 46) corrobora com o exposto da seguinte forma:

> Dada a sua natureza necessariamente multidisciplinar, a psicopedagogia é chamada a se realizar na convivência com o outro, com o diferente, com os vários códigos restritos das ciências. Assim sendo, é uma disciplina convocada a realizar um movimento reparatório com relação à impossibilidade de troca entre diferentes áreas do conhecimento, mas é também solicitada a reconhecer a singularidade daqueles a quem é chamada a cuidar. Aliás, reconhecer a singularidade daquele que aprende é condição primeira para que se realize, quer como teoria quer como prática.

O art. 3º do Código de Ética do Psicopedagogo estabelece os objetivos do trabalho do psicopedagogo:

a. promover a aprendizagem, contribuindo para os processos de inclusão escolar e social;
b. compreender e propor ações frente às dificuldades de aprendizagem;
c. realizar pesquisas científicas no campo da Psicopedagogia;
d. mediar conflitos relacionados aos processos de aprendizagem. (ABPp, 2011)

Como é possível perceber, a aprendizagem, objeto de estudo da psicopedagogia, é um fator a ser considerado nas atividades psicopedagógicas, no que se refere à proposição de ações e à mediação de conflitos correlacionados. Um objetivo que também merece atenção refere-se ao fato de o psicopedagogo também atuar como pesquisador.

O art. 4º do Código ressalta o envolvimento do psicopedagogo, juntamente com outros profissionais, em projetos nas áreas da educação e saúde: "O psicopedagogo deve, com autoridades competentes, refletir e elaborar a organização, a implantação e a execução de projetos de Educação e Saúde no que concerne às questões psicopedagógicas" (ABPp, 2011).

O Capítulo II diz respeito à formação profissional, que deve ocorrer "em curso de graduação e/ou em curso de pós-graduação – especialização *lato sensu* em Psicopedagogia, ministrados em estabelecimentos de ensino devidamente reconhecidos e autorizados por órgãos competentes, de acordo com a legislação em vigor" (ABPp, 2011).

Assim, somente podem exercer a profissão de psicopedagogo os profissionais com graduação na área ou portadores de certificados de pós-graduação expedidos por instituições reconhecidas pelo Ministério da Educação.

O Capítulo IV, em seu art. 11º, estabelece as responsabilidades a serem assumidas pelo profissional da pedagogia:

Artigo 11º
São deveres do psicopedagogo:
a. manter-se atualizado quanto aos conhecimentos científicos e técnicos que tratem da aprendizagem humana;

Código de ética 169

b. desenvolver e manter relações profissionais pautadas pelo respeito, pela atitude crítica e pela cooperação com outros profissionais;

c. assumir as responsabilidades para as quais esteja preparado e nos parâmetros da competência psicopedagógica;

d. colaborar com o progresso da Psicopedagogia;

e. responsabilizar-se pelas intervenções feitas, fornecer definição clara do seu parecer ao cliente e/ou aos seus responsáveis por meio de documento pertinente;

f. preservar a identidade do cliente nos relatos e discussões feitos a título de exemplos e estudos de casos;

g. manter o respeito e a dignidade na relação profissional para a harmonia da classe e a manutenção do conceito público. (ABPp, 2011)

São várias as responsabilidades atribuídas ao psicopedagogo. Elas envolvem formação continuada, relações interpessoais, ética com o paciente, necessidade de só prestar atendimento quando se sentir apto, de zelar pelo nome da profissão etc.

6.4
O exercício das atividades profissionais do psicopedagogo

O Capítulo III do Código de Ética, do art. 6º ao art. 10º, trata do exercício das atividades do psicopedagogo:

Artigo 6º

Estarão em condições de exercício da Psicopedagogia os profissionais graduados e/ou pós-graduados em Psicopedagogia – especialização "lato sensu" – e os profissionais com direitos adquiridos anteriormente à exigência de titulação acadêmica e reconhecidos pela ABPp. É indispensável ao psicopedagogo submeter-se à supervisão psicopedagógica e recomendável processo terapêutico pessoal.

Parágrafo 1º

O psicopedagogo, ao promover publicamente a divulgação de seus serviços, deverá fazê-lo de acordo com as normas do Estatuto da ABPp e os princípios deste Código de Ética.

Parágrafo 2º

Os honorários deverão ser tratados previamente entre o cliente ou seus responsáveis legais e o profissional, a fim de que:

a. representem justa contribuição pelos serviços prestados, considerando condições socioeconômicas da região, natureza da assistência prestada e tempo despendido;
b. assegurem a qualidade dos serviços prestados. (ABPp, 2011)

Esse artigo, mais uma vez, reafirma que, para exercer a profissão de psicopedagogo, é necessário ser graduado na área ou ter curso de pós-graduação *lato sensu* em cursos reconhecidos pelo Ministério da Educação. Recomenda, ainda, que o psicopedagogo faça terapia. Determina também que a divulgação dos trabalhos deve ser elaborada conforme as normas difundidas pela ABPp, assim como os honorários devem ser combinados previamente a fim de que ninguém se sinta lesado.

Um dos pontos definidos no Código de Ética diz respeito ao sigilo profissional, ou seja, o profissional não deve revelar fatos que comprometam a intimidade dos sujeitos. Entretanto, ressalta:

Artigo 7º

[...]

Parágrafo 1º
Não se entende como quebra de sigilo informar sobre o cliente a especialistas e/ou instituições, comprometidos com o atendido e/ou com o atendimento.

Parágrafo 2º
O psicopedagogo não revelará como testemunha, fatos de que tenha conhecimento no exercício de seu trabalho, a menos que seja intimado a depor perante autoridade judicial. (ABPp, 2011)

A não observância do exposto se configura como uma atitude antiética.

O Código reza que os resultados de avaliações devem ser anunciados somente ao próprio paciente ou ao seu representante legal, pois os prontuários psicopedagógicos são documentos sigilosos. Além disso, ressalta que o psicopedagogo deve interagir com profissionais de outras áreas e respeitar o campo de atuação de cada categoria.

Artigo 10º
O psicopedagogo procurará desenvolver e manter boas relações com os componentes de diferentes categorias profissionais, observando para esse fim, o seguinte:

a. trabalhar nos estritos limites das atividades que lhe são reservadas;
b. reconhecer os casos pertencentes aos demais campos de especialização, encaminhando-os a profissionais habilitados e qualificados para o atendimento. (ABPp, 2011)

Nesse artigo, destaca-se novamente a importância de o psicopedagogo trabalhar em uma equipe multidisciplinar, em que cada profissional atua conforme os limites de sua área.

6.5
Termo de Consentimento Livre e Esclarecido

Ao se realizar uma pesquisa em psicopedagogia, assim como nas demais áreas do conhecimento que trabalham com seres humanos, é necessário que o pesquisador elabore um documento explicitando seus objetivos, o qual deve ser assinado por todos os participantes (sujeitos do estudo).

O Termo de Consentimento Livre e Esclarecido (TCLE), de acordo com a Resolução n. 466, de 12 de dezembro, do Conselho Nacional de Saúde (CNS), é assim definido:

> documento no qual é explicitado o consentimento livre e esclarecido do participante e/ou de seu responsável legal, de forma escrita, devendo conter todas as informações necessárias, em linguagem clara e objetiva, de fácil entendimento, para o mais completo esclarecimento sobre a pesquisa a qual se propõe participar; [...]. (Brasil, 2013b)

Trata-se de um documento legal que tem por intuito proteger o participante, o pesquisador e a instituição responsável pela pesquisa. No TCLE devem estar indicados, de modo explícito, o motivo de a pesquisa estar sendo realizada; os objetivos que o pesquisador pretende alcançar com o estudo; o que será feito e por quanto tempo vai durar a investigação; o tratamento dado a cada participante e quem o acompanhará no decorrer do estudo; os riscos a que estarão sujeitos e os benefícios esperados; outros tratamentos que os sujeitos participantes terão ao seu dispor e em que momento, se não estiverem satisfeitos e queiram desistir do tratamento. Dois outros itens merecem ser destacados: explicitação de como o participante, após o término da pesquisa, vai continuar recebendo o tratamento e, em caso de dúvidas, a quem ele poderá recorrer.

É necessário considerar que toda pesquisa que envolve seres humanos deve ser submetida ao Comitê de Ética em Pesquisa, que precisa ser multidisciplinar e subordinado à Comissão Nacional de Ética em Pesquisa (Conep), ligada ao CNS. Segundo o Ministério da Saúde, a Conep foi criada por meio da "Resolução do CNS 196/96[1] como uma instância colegiada, de natureza consultiva, educativa e formuladora de diretrizes e estratégias no âmbito do Conselho" (Brasil, 2018c). Além disso, a Conep não recebe influências corporativas e institucionais e "uma das suas características é a composição

• • • • •
1 Em 2012, o texto foi revisto e originou a Resolução n. 466, que estabelece: "A presente Resolução incorpora, sob a ótica do indivíduo e das coletividades, referenciais da bioética, tais como autonomia, não maleficência, beneficência, justiça e equidade, dentre outros, e visa a assegurar os direitos e deveres que dizem respeito aos participantes da pesquisa, à comunidade científica e ao Estado" (Brasil, 2013).

multi e transdisciplinar, contando com um representante dos usuários" (Brasil, 2018c).

A principal atribuição da Conep é examinar os aspectos éticos das pesquisas que envolvem seres humanos. Fazem parte de sua missão a elaboração e a atualização das diretrizes e das normas para a proteção dos sujeitos de pesquisa (Brasil, 2018c).

Dessa forma, o pesquisador, ao desenvolver trabalhos que envolvam seres humanos, deve verificar se o ambiente apresenta condições adequadas para a realização de seu projeto e para o atendimento de eventuais intercorrências de efeitos colaterais e adversos, mas, acima de tudo, se os resultados de seus estudos serão revertidos em benefícios para a coletividade.

Saiba mais

Para conhecer na íntegra o texto da Resolução n. 466/2012 acesse:

BRASIL. Ministério da Saúde. Conselho Nacional de Saúde. Resolução n. 466, de 12 de dezembro de 2012. **Diário Oficial União**, Brasília, DF, 13 jun. 2013. Disponível em: <http://conselho.saude.gov.br/resolucoes/2012/Reso466.pdf>. Acesso em: 30 maio 2018.

O protocolo deve atender à sequência lógica de uma pesquisa: descrição do estudo; antecedentes científicos; descrição dos procedimentos metodológicos (material e métodos; amostra; local da pesquisa; resultados esperados; literatura pertinente); riscos e benefícios; duração da pesquisa;

responsabilidade do pesquisador; encerramento da pesquisa; infraestrutura; orçamento e propriedade das informações.

Desde 15 de janeiro de 2012, o pesquisador que tem por intuito realizar estudos com seres humanos deve cadastrá-lo na Plataforma Brasil.

A Plataforma Brasil substitui o Sistema Nacional de Informação sobre Ética em Pesquisa Envolvendo Seres Humanos (Sisnep), contando com mecanismos de busca que possibilitam analisar, retrospectivamente, as pesquisas em andamento no território brasileiro.

De acordo com o Ministério da Saúde (Brasil, 2018d)

> A Plataforma Brasil uma base nacional e unificada de registros de pesquisas envolvendo seres humanos para todo o sistema CEP/CONEP. Ela permite que as pesquisas sejam acompanhadas em seus diferentes estágios – desde sua submissão até a aprovação final pelo CEP e pela CONEP, quando necessário – possibilitando inclusive o acompanhamento da fase de campo, o envio de relatórios parciais e dos relatórios finais das pesquisas (quando concluídas).

O pesquisador interessado em submeter seu projeto de pesquisa que envolva seres humanos deve acessar a Plataforma Brasil[2] e cadastrar-se no sistema. É importante ressaltar que a pesquisa não pode visar a um desenvolvimento científico e tecnológico à parte da formação integral do sujeito nem desvinculado do contexto em que está inserido.

• • • • •
2 Disponível em:<http://plataformabrasil.saude.gov.br/login.jsf>. Acesso em: 30 maio 2018.

Síntese

Neste capítulo, abordamos a importância do Código de Ética do Psicopedagogo no desempenho desse profissional. Tratamos do significado da palavra *ética* e explicamos que, como disciplina teórica, a ética tem por objetivo investigar o comportamento do sujeito e suas relações consigo e com o outro com base nos seguintes princípios: justiça, moral, dever, liberdade, responsabilidade, virtude e valor.

Por meio da ética, o ser humano procura maneiras mais apropriadas de agir, de viver e conviver, ou seja, ela corresponde aos padrões estabelecidos em uma sociedade com base em seus valores históricos e culturais.

Também esclarecemos que, no que diz respeito ao psicopedagogo, as regras de conduta moral e deontológica que norteiam os profissionais da área estão descritas no Código de Ética do Psicopedagogo aprovado pela Associação Brasileira de Psicopedagogia (ABPp) em 1996, sendo reformulado e aprovado em 2011. Esse documento regulamenta as seguintes situações: os princípios da psicopedagogia; a formação do psicopedagogo; o exercício das atividades psicopedagógicas; as responsabilidades; os instrumentos; as publicações científicas; a publicidade profissional; os honorários; e as disposições gerais.

Ainda neste capítulo, foi discutida a regulamentação da profissão do psicopedagogo. Observamos também que, como em toda profissão, o exercício profissional do psicopedagogo é regido por princípios e responsabilidades e que ele pode atuar tanto na área da saúde quanto na de educação, desde que em ambas o objeto de estudo seja a aprendizagem.

Código de ética 177

Por fim, abordamos o Termo de Consentimento Livre e Esclarecido (TCLE) e a necessidade de utilizá-lo em pesquisas na área da saúde que envolvam seres humanos.

Atividades de autoavaliação

1. A palavra *ética* pode ser entendida como:
   I) conjunto de princípios, valores e normas morais e de conduta de um indivíduo ou de grupo social ou de uma sociedade.
   II) conjunto de regras válidas apenas no ambiente familiar.
   III) caráter pessoal como um padrão relativamente constante de disposições morais, afetivas, comportamentais e intelectivas de um indivíduo.
   IV) comportamento do sujeito e suas relações consigo e com o outro.

   Agora, assinale a alternativa correta:

   a) As afirmações I, II e III estão corretas.
   b) As afirmações I, III e IV estão corretas.
   c) Somente as afirmações II e III estão corretas.
   d) As afirmações II, III e IV estão corretas.

2. Sobre o sigilo na função do psicopedagogo, assinale a alternativa correta:
   a) Não há necessidade de guardar sigilo dos acontecimentos; quanto maior for o número de informações e trocas com pessoas, melhor será a condução do processo.
   b) É uma norma estabelecida pelos órgãos competentes.

c) Significa respeito pelo aluno.
d) É considerado ética profissional. O psicopedagogo deve guardar sigilo sobre os fatos de que tenha conhecimento. É possível trocar informações apenas com profissionais qualificados por meio de supervisão.

3. É dever do psicopedagogo:
   a) captar recursos na escola para desenvolver projetos de recuperação de alunos com problemas de aprendizagem.
   b) solicitar à direção da escola espaço para avaliação, delegando aos professores o trabalho com os alunos que necessitam de auxílio.
   c) buscar soluções imediatas para problemas de aprendizagem.
   d) assumir responsabilidades para as quais esteja preparado dentro dos limites da competência psicopedagógica.

4. O Código de Ética do Psicopedagogo, no Capítulo I, dispõe sobre os princípios que regem a profissão. A esse respeito, analise se as afirmações a seguir são verdadeiras (V) ou falsas (F).
   ( ) A psicopedagogia é um campo de atuação em saúde e educação que lida com o processo de aprendizagem humana.
   ( ) A psicopedagogia é um campo de atuação em saúde e educação que lida apenas com o processo de leitura e escrita do sujeito.
   ( ) A psicopedagogia não é de natureza interdisciplinar.

( ) A psicopedagogia utiliza recursos das várias áreas do conhecimento humano para a compreensão do ato de aprender, no sentido ontogenético e filogenético, valendo-se de métodos e técnicas próprios.

( ) O trabalho psicopedagógico é de natureza clínica e institucional, de caráter preventivo e remediativo.

Agora, assinale a sequência correta:

a) V, F, F, V, F.
b) V, F, F, V, V.
c) F, V, V, V, F.
d) V, V, F, V, V.

5. Sobre o Termo de Consentimento Livre e Esclarecido, é **incorreto** afirmar:
   a) É um documento básico e fundamental do protocolo e da pesquisa com ética.
   b) É a proteção legal e moral do pesquisador, visto que é a manifestação clara de concordância com a participação na pesquisa.
   c) É a fonte de esclarecimento que permitirá ao participante da pesquisa tomar sua decisão de forma justa e sem constrangimentos.
   d) É uma mera formalidade para a realização de uma pesquisa e, geralmente, não serve para nada.

Atividades de aprendizagem

Questões para reflexão

1. O Capítulo IV do Código de Ética do Psicopedagogo, no art. 11, indica as responsabilidades a serem assumidas

pelo profissional da pedagogia. Após a leitura desse artigo, emita sua opinião a respeito do tema.

2. O art. 6º do Código de Ética do Psicopedagogo, no parágrafo 2º, estabelece: "Os honorários deverão ser tratados previamente entre o cliente ou seus responsáveis legais e o profissional". Considere que você combinou os honorários antecipadamente, mas depois percebeu que o atendimento demorou muito além do previsto, então comunica esse fato aos familiares da criança. Eles dizem que não poderão mais pagá-lo. Com base no Código de Ética, o que você fará como psicopedagogo?

Atividade aplicada: prática

1. O art. 10º do Código de Ética do Psicopedagogo determina:

> **Artigo 10º**
> O psicopedagogo procurará desenvolver e manter boas relações com os componentes de diferentes categorias profissionais, observando para esse fim o seguinte:
> a. trabalhar nos estritos limites das atividades que lhe são reservadas;
> b. reconhecer os casos pertencentes aos demais campos de especialização, encaminhando-os a profissionais habilitados e qualificados para o atendimento.

Entreviste algum psicopedagogo que você conheça e descreva de que maneira ele cumpre os requisitos elencados nesse artigo.

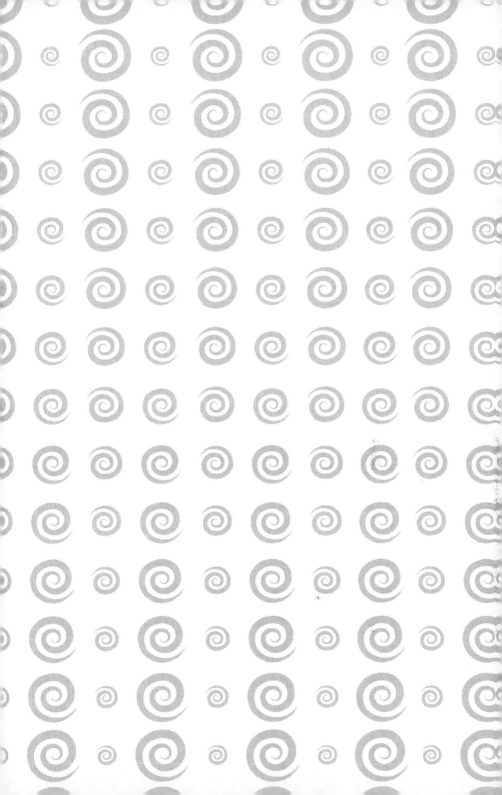

Considerações finais

No início deste estudo, abordamos os significados atribuídos ao vocábulo *psicopedagogia* e a forma como essa área do conhecimento contribui para a sociedade, considerando-se que seu campo de atuação envolve escolas, famílias e organizações.

Apresentamos as bases epistemológicas da psicopedagogia e alguns teóricos que contribuem para o fazer psicopedagógico, entre eles: Jorge Visca (epistemologia convergente), Jean Piaget (epistemologia genética), Enrique Pichon-Rivière (pedagogia social), Sigmund Freud (psicanálise) e Lev Vygotsky (socioconstrutivismo ou sociointeracionismo).

Ao tratamos da trajetória da psicopedagogia, analisamos seu surgimento na Europa, na fronteira entre as áreas da saúde e da educação, e como se concentrou desde o princípio na aprendizagem.

Em seguida, mostramos que, nos Estados Unidos, a preocupação com crianças que apresentam dificuldades de aprendizagem se manifestou por volta da década de 1930, com o surgimento dos primeiros centros de reeducação para atendimento a delinquentes juvenis.

Na América Latina, a Argentina foi pioneira nos estudos psicopedagógicos e influenciou o desenvolvimento no Brasil. Em território brasileiro, a área se desenvolveu em razão do fracasso escolar nos anos de 1970 e 1980, quando o índice de crianças com dificuldades de aprendizagem era alto e não havia profissionais capacitados nas escolas para atender a essa demanda.

Outro assunto discutido foi a formação do psicopedagogo. No Brasil, a formação ocorre por especialização – pós-graduação *lato sensu* – e há apenas cinco cursos de graduação em Psicopedagogia no país, dois deles quase em extinção.

Tratamos também do campo de atuação profissional do psicopedagogo, que envolve, basicamente, duas áreas: clínica e institucional. As possibilidades são muitas porque o psicopedagogo pode exercer sua profissão tanto na educação quanto na saúde e também em outros contextos, como no caso das organizações assistenciais.

Na sequência, examinamos o tema da identidade do psicopedagogo e o fato de seu processo identitário estar vinculado à psicopedagogia clínica ou à psicopedagogia institucional, exprimindo-se de maneira dinâmica e complexa nas diversas experiências vivenciadas pelo sujeito, tanto no âmbito pessoal quanto no profissional.

Analisamos também a relação do psicopedagogo com o sujeito aprendente, sua atuação em equipes multidisciplinares, a avaliação como atividade inerente ao trabalho na área e seu papel profissional quanto às intervenções.

Em meio às reflexões propostas, procuramos demonstrar como a psicopedagogia mantém relação com outras áreas do conhecimento, interagindo com a psicologia escolar, a pedagogia, a psicanálise e o psicodrama. Discutimos também de que maneira a psicopedagogia auxilia nos problemas de aprendizagem e nas relações familiares.

Por fim, tratamos do Código de Ética do Psicopedagogo e de sua importância no desempenho da profissão, destacando que esse documento regulamenta, entre outros assuntos, os princípios da psicopedagogia, a formação do psicopedagogo e o exercício das atividades psicopedagógicas.

No contexto da pesquisa, apontamos a necessidade do uso do Termo de Consentimento Livre e Esclarecido quando se realizam pesquisas na área da saúde que envolvem seres humanos.

Referências

A ATUAÇÃO do psicopedagogo clínico institucional. **Recanto das Letras**, 18 ago. 2010. Disponível em: <http://www.recantodasletras.com.br/artigos/2440986>. Acesso em: 30 maio 2018.

ABPP – Associação Brasileira de Psicopedagogia. **Código de Ética do Psicopedagogo**. 5 nov. 2011. Disponível em: <http://www.abpp.com.br/documentos_referencias_codigo_etica.html>. Acesso em: 30 maio 2018.

ABPP – Associação Brasileira de Psicopedagogia. **Diretrizes Básicas da Formação de Psicopedagogos no Brasil**. São Paulo, 12 dez. 2008. Disponível em: <http://www.abpp.com.br/documentos_referencias_diretrizes_formacao.html>. Acesso em: 30 maio 2018.

ABRAPEE – Associação Brasileira de Psicologia Escolar e Educacional. **CFP é contrário à regulamentação da atividade de psicopedagogia proposta pelo PL 3512/2008**. Disponível em: <http://www.abrapee.psc.br/noticia173.html>. Acesso em: 30 maio 2018.

ABREU, L. C. de et al. A epistemologia genética de Piaget e o construtivismo. **Revista Brasileira de Crescimento e Desenvolvimento Humano**, São Paulo, v. 20, n. 2, p. 361-366, 2010.

ALENCAR, C. L. R. et al. Psicólogo escolar e psicopedagogo: limites e possibilidades de atuação. **Id on Line Revista Multidisciplinar e de Psicologia**, v. 7, n. 19, p. 19-30, fev. 2013.

ALVES, M. D. F.; BOSSA, N. **Psicopedagogia**: em busca do sujeito autor. 2007. Disponível em: <http://www.psicopedagogianet.com.br/index.php/psicopedagogia-em-busca-do-sujeito-autor.html?showall=1>. Acesso em: 20 jun. 2017.

ANASTASIOU, L. das G. C. Ensinar, aprender, apreender e os processos de ensinagem. In: ANASTASIOU, L. das G. C.; ALVES, L. P. (Org.). **Processos de ensinagem na universidade**: pressupostos para as estratégias de trabalho em aula. 10. ed. Joinville: Univille, 2015. p. 15-43.

ANDRADE, M. S. de. **A escrita inconsciente e a leitura invisível**. São Paulo: Memnon, 2002a.

ANDRADE, M. S. de. Ensinante e aprendente: a construção da autoria de pensamento. **Construção Psicopedagógica**, São Paulo, v. 14, n. 1, dez. 2006.

ANDRADE, M. S. de. **O prazer da autoria**: a psicopedagogia e a construção do sujeito autor. São Paulo: Memnon, 2002b. (Coleção Temas de Psicopedagogia, n. 3).

ANTUNES, M. A. M. Psicologia escolar e educacional: história, compromissos e perspectivas. **Psicologia Escolar e Educacional**, Campinas, v. 12, n. 2, p. 469-475, dez. 2008. Disponível em: <http://www.scielo.br/scielo.php?script=sci_arttext&pid=S1413-85572008000200020&lng=en&nrm=iso>. Acesso em: 30 maio 2018.

ARAÚJO, A. P. Q. C. Avaliação e manejo da criança com dificuldade escolar e distúrbio de atenção. **Jornal de Pediatria**, v. 78, p. 104-110, 2002.

ARAÚJO, F. L. C. de. **Psicopedagogo hospitalar**: qual sua função? 10 jan. 2010. Disponível em: <http://www.webartigos.com/artigos/psicopedagogo-hospitalar-qual-sua-funcao/30912/#ixzz4thZ2pTxr>. Acesso em: 30 maio 2018.

ASSMANN, H. **Reencantar a educação**: rumo à sociedade aprendente. 10. ed. Petrópolis: Vozes, 2007.

BARBOSA, L. M. S. A epistemologia da psicopedagogia: reconhecendo seu fundamento, seu valor social e seu campo de ação. Comemorando os 15 anos da ABPp – Paraná Sul, 2006. **Revista Psicopedagogia**, São Paulo, v. 24, n. 73, p. 90-100, 2007. Disponível em: <http://pepsic.bvsalud.org/scielo.php?script=sci_arttext&pid=S0103-84862007000100011&lng=pt&nrm=iso>. Acesso em: 30 maio 2018.

BARBOSA, L. M. S. A história da psicopedagogia contou também com Visca. In: **Psicopedagogia e aprendizagem**. Curitiba: Expoente, 2002. (Coletânea de Reflexões).

BARBOSA, L. M. S. **A psicopedagogia no âmbito da instituição escolar**. Curitiba: Expoente, 2001.

BARCELOS, A. R. F. de. **Supervisão escolar na rede municipal de ensino de Florianópolis**: ascensão, declínio e ressignificação de uma função. Tese (Doutorado em Educação) – Universidade Federal de Santa Catarina, Florianópolis, 2014.

BARONE, L. M. C. **De ler o desejo ao desejo de ler**: uma leitura do olhar do psicopedagogo. Petrópolis: Vozes, 1993.

BASTOS, A. B. B. I. A técnica de grupos-operativos à luz de Pichon-Rivière e Henri Wallon. **Psicólogo Informação**, v. 14, n. 14, p. 160-169, 2010.

BEAUCLAIR, J. O Psicodrama na Intervenção Psicopedagógica, de Seilla Regina Fernandes de Carvalho. **Recanto das Letras**, 31 mar. 2007. Disponível em: <http://www.recantodasletras.com.br/artigos/244239>. Acesso em: 23 jan. 2023.

BONALS, J.; SANCHEZ-CANO, M. **Avaliação psicopedagógica**. Porto Alegre: Artmed, 2008.

BORGES, K. S.; FAGUNDES, L. da C. A teoria de Jean Piaget como princípio para o desenvolvimento das inovações. **Educação**, Porto Alegre, v. 39, n. 2, p. 242-248, maio/ago. 2016.

BOSSA, N. A. **A psicopedagogia no Brasil**: contribuições a partir da prática. Porto Alegre: Artes Médicas, 2000.

BRASIL. Câmara dos Deputados. **Projeto de Lei n. 3.124/1997**. Dispõe sobre a regulamentação da profissão de Psicopedagogo, cria o Conselho Federal e os Conselhos Regionais de Psicopedagogia e determina outras providências. Disponível em: <http://www.camara.gov.br/proposicoesWeb/prop_mostrarintegra;jsessionid=D1C1EEE5B4A4F47C4DAB9C754B2F2EEE.nodel?codteor=1130669&filename=Avulso+-PL+3124/1997>. Acesso em: 30 maio 2018a.

BRASIL. **Projeto de Lei n. 3.512-B, de 2008**. Dispõe sobre a regulamentação do exercício da atividade de Psicopedagogia. Disponível em: <http://www.camara.gov.br/proposicoesWeb/prop_ mostrarintegra;jsessionid=0E8CB6B7C879DCA243192D4F28285456.node1?codteor=575405&filename=Avulso+-PL+3512/2008>. Acesso em: 30 maio 2018b.

BRASIL. Lei n. 9.394, de 20 de dezembro de 1996. **Diário Oficial da União**, Poder Legislativo, Brasília, DF, 21 dez. 1996. Disponível em: <http://www.planalto.gov.br/ccivil_03/Leis/l9394.htm>. Acesso em: 30 maio 2018.

BRASIL. Ministério da Educação. **Cadastro e-MEC de Instituições e Cursos de Educação Superior**. Disponível em: <http://emec.mec.gov.br/>. Acesso em: 10 nov. 2017a.

BRASIL. Ministério da Saúde. Conselho Nacional de Saúde. Comissão Nacional de Ética em Pesquisa – Conep. Disponível em: <http://conselho.saude.gov.br/web_comissoes/conep/index.html>. Acesso em: 30 maio 2018c.

BRASIL. Ministério da Saúde. Conselho Nacional de Saúde. Resolução n. 466, de 12 de dezembro de 2012. **Diário Oficial União**, Brasília, DF, 13 jun. 2013. Disponível em: <http://conselho.saude.gov.br/resolucoes/2012/Reso466.pdf>. Acesso em: 30 maio 2018.

BRASIL. Ministério da Saúde. Secretaria de Ciência, Tecnologia e Insumos Estratégicos. Departamento de Ciência e Tecnologia. **Por que pesquisa em saúde?** Brasília, 2007. (Série B. Textos Básicos de Saúde; Série Pesquisa para Saúde: Textos para Tomada de Decisão). Disponível em: <http://bvsms.saude.gov.br/bvs/publicacoes/pesquisa_saude.pdf>. Acesso em: 30 maio 2018.

BRASIL. Ministério da Saúde. Sistema Nacional de Informações sobre Ética em Pesquisa Envolvendo Seres Humanos. **Introdução**. Disponível em: <http://portal2.saude.gov.br/sisnep/Menu_Principal.cfm>. Acesso em: 30 maio 2018d.

BRASIL. Ministério do Trabalho. CBO – Classificação Brasileira de Ocupações. **Busca por código**. Disponível em: <http://www.mtecbo.gov.br/cbosite/pages/pesquisas/BuscaPorCodigo.jsf>. Acesso em: 10 nov. 2017b.

BRASIL. **Informações gerais**. Disponível em: <http://www.mtecbo.gov.br/cbosite/pages/informacoesGerais.jsf>. Acesso em: 30 maio 2018e.

BRASIL. Senado Federal. **Projeto de Lei da Câmara n. 31/2010**. Dispõe sobre a regulamentação do exercício da atividade de Psicopedagogia. Disponível em: <http://www25.senado.leg.br/web/atividade/materias/-/materia/96399>. Acesso em: 30 maio 2018f.

CALHAU, L. B. **Bullying**: o que você precisa saber – identificação, prevenção e repressão. 2. ed. Niterói, RJ: Impetus, 2010.

CARVALHO, S. R. F. de. O psicodrama na intervenção psicopedagógica. **Recanto das Letras**, 31 mar. 2007. Disponível em: <https://www.recantodasletras.com.br/artigos/432785>. Acesso em: 30 maio 2018.

CFP – Conselho Federal de Psicologia. **PL 3512/2008, que regulamenta exercício da Psicopedagogia**: o CFP é contra este projeto. Brasília, 21 jan. 2010. Disponível em: <http://site.cfp.org.br/pl-35122008-que-regulamenta-exerccio-da-psicopedagogia-o-cfp-contra-este-projeto/>. Acesso em: 30 maio 2018.

COLL, C.; MARCHESI, Á.; PALACIOS, J. **Desenvolvimento psicológico e educação**: transtornos do desenvolvimento e necessidades educativas especiais. 2. ed. Porto Alegre: Artmed, 2007.

CORRÊA, M. A. A relevância da psicopedagogia na intervenção adulta: traçando novas possibilidades. **Ciências e Letras**, Porto Alegre, n. 32, p. 175-181, jul./dez. 2002.

COSTA, A. A.; PINTO, T. M. G.; ANDRADE, M. S. de. Análise histórica do surgimento da psicopedagogia no Brasil. **Id on Line Revista Multidisciplinar e de Psicologia**, n. 20, ano 7, p. 10-21, jul. 2013.

COSTA, A. C. **Psicopedagogia e psicomotricidade**: pontos de intersecção nas dificuldades de aprendizagem. 2. ed. Petrópolis: Vozes, 2001.

COTRIM, G. **Fundamentos de filosofia**. 15. ed. São Paulo: Saraiva, 2004.

DESLANDES, K. **Psicologia**: uma introdução à psicologia. Cuiabá: EdUFMT, 2006.

DÍAZ, F. **O processo de aprendizagem e seus transtornos**. Salvador: EDUFBA, 2011.

DI SANTO, J. M. R. **A ação psicopedagógica e a transformação da realidade escolar**. 27 jul. 2006. Disponível em: <http://psicopedagogia-institucional.blogspot.com/2006/07/ao-psico pedaggica-e-transformao-da.html>. Acesso em: 30 maio 2018.

DRAGO, R.; RODRIGUES, P. da S. Contribuições de Vygotsky para o desenvolvimento da criança no processo educativo: algumas reflexões. **Revista FACEVV**, Vila Velha, n. 3, p. 49-56, jul./dez. 2009.

FABRICIO, N. M.C. **Psicopedagogia**: avanços teóricos e práticos. São Paulo: ABPp, 2000.

FAGALI, E. F. Por que e como psicopedagogia institucional. **Revista da Associação Brasileira de Psicopedagogia**, v. 17, n. 46, p. 37-41, 1998.

FERNÁNDEZ, A. **A inteligência aprisionada**: abordagem psicopedagógica clínica da criança e sua família. Porto Alegre: Artmed, 2001a.

FERNÁNDEZ, A. **O saber em jogo**: a psicopedagogia propiciando autorias de pensamento. Porto Alegre: Artes Médicas, 2001b.

FERNÁNDEZ, A. **Os idiomas do aprendente**: análise das modalidades ensinantes com famílias, escolas e meios de comunicação. Porto Alegre: Artes Médicas; 2001c.

FERREIRA, R. de F. et al. A contribuição da psicanálise para a psicopedagogia. In: CONGRESSO INTERNACIONAL DE EDUCAÇÃO E INCLUSÃO, 2014, Campina Grande. Disponível em: <http://editorarealize.com.br/revistas/cintedi/trabalhos/Modalidade_1datahora_02_11_2014_23_07_57_idinscrito_1090_869ccdc797e78082ff27fbe74c9bec4c.pdf>. Acesso em: 30 maio 2018.

FONTANA, R.; CRUZ, N. **Psicologia e trabalho pedagógico.** São Paulo: Atual, 1997.

FRANÇA, C. Um novato na psicopedagogia. In: SISTO, F. F. et al. (Coord.). **Atuação psicopedagógica e aprendizagem escolar.** 6. ed. Petrópolis: Vozes, 2001. p. 95-109.

FRANCO, V.; ALBUQUERQUE, C. Contributos da psicanálise para a educação e para a relação professor-aluno. **Millenium**, Centro de Estudos em Educação, Tecnologias e Saúde, v. 14, p. 172-200, jun. 2010.

FRAZÃO, D. **Biografia de Sigmund Freud.** 6 maio 2016. Disponível em: <https://www.ebiografia.com/sigmund_freud/>. Acesso em: 30 maio 2018.

FREIRE, P. **Pedagogia da autonomia**: saberes necessários à prática educativa. São Paulo: Paz e Terra, 2009.

GALINDO, W. C. M. A construção da identidade profissional docente. **Psicologia: Ciência e Profissão**, v. 24, n. 2, p. 14-23, 2004.

GALVÃO, I. **Henri Wallon**: uma concepção dialética do desenvolvimento infantil. Petrópolis: Vozes, 1995.

GARCIA, C. M. **Formação de professores**: para uma mudança educativa. Porto: Porto, 1999.

GARCIA, R. **O conhecimento em construção**: das formulações de Jean Piaget à teoria de sistemas complexos. Porto Alegre: Artmed, 2002.

GASPARIAN, M. C. C. **Contribuições do modelo relacional sistêmico para a psicopedagogia institucional.** São Paulo: Lemos, 1997.

GONTIJO, E. D. Os termos 'ética' e 'moral'. **Mental**, v. 4, n. 7, p. 127-135, 2006.

GOULART, I. B. (Org.). **A educação na perspectiva construtivista**: reflexões de uma equipe interdisciplinar. Petrópolis: Vozes, 1995.

GOULART, I. B. **A educação na perspectiva construtivista**: reflexões de uma equipe interdisciplinar. Petrópolis: Vozes, 1995.

GOULART, I. B. **Psicologia da educação**: fundamentos teóricos e aplicações à prática pedagógica. Rio de Janeiro: Vozes, 1987.

HOUAISS, A. **Dicionário Houaiss de língua portuguesa**. Disponível em: <http://houaiss.uol.com.br/busca/htm>. Acesso em: 30 maio 2018.

JOSÉ, E. da A.; COELHO, M. T. **Problemas de aprendizagem**. 12. ed. São Paulo: Ática 2000.

KONDER, L. **O futuro da filosofia da práxis**. Rio de Janeiro: Paz e Terra, 1992.

LANCILLOTTI, S. S. P. **Trabalho didático na educação de alunos com deficiência mental**: as experiências modelares de Montessori e Descoeudres. In: SEMINÁRIO NACIONAL DE ESTUDOS E PESQUISAS "HISTÓRIA, SOCIEDADE E EDUCAÇÃO NO BRASIL", 9., 2012, **Anais eletrônicos...** João Pessoa: Universidade Federal da Paraíba, 2012. p. 588-607. Disponível em: <http://www.histedbr.fe.unicamp.br/acer_histedbr/seminario/seminario9/PDFs/1.42.pdf>. Acesso em: 30 maio 2018.

LANE, S. T. M. O processo grupal. In: LANE, S. T. M.; CODO, W. (Org.). **Psicologia social**: o homem em movimento. 8. ed. São Paulo: Brasiliense, 1989. p. 78-98.

LAPLANCHE, J.; PONTALIS, J. **Vocabulário da psicanálise**. São Paulo: M. Fontes, 2008.

LEMOS, A. C. M. Uma visão psicopedagógica do bullying escolar. **Revista Psicopedagogia**, São Paulo, v. 24, n. 73, p. 68-75, 2007.

LOPES, J. Jean Piaget. **Nova Escola**, São Paulo, v. 11, n. 95, ago. 1996.

MACEDO, L. **Ensaios construtivistas.** 3. ed. São Paulo: Casa do
Psicólogo, 1994.

MALUF, M. I. **Psicopedagogia hospitalar:** por que e para quem?
Evento Psicopedagógico Sedes Sapientiae, ago. 2007. Palestra.
Disponível em: <http://pepsic.bvsalud.org/pdf/cp/v15n12/
v15n12a02.pdf>. Acesso em: 30 maio 2018.

MARQUES, J. R. Jacob Levy Moreno e o psicodrama. **Portal IBC,**
12 abr. 2018. Disponível em: <http://www.ibccoaching.com.br/
portal/coaching-e-psicologia/jacob-levy-moreno-e-o-psicodrama/>.
Acesso em: 30 maio 2018.

MARQUES, J. R. **O que é identidade profissional?** 9 mar. 2015.
Disponível em: <http://www.jrmcoaching.com.br/blog/
o-que-e-identidade-profissional/>. Acesso em: 30 maio 2018.

MARTINS, S. T. F. Aspectos teórico-metodológicos que distanciam
a perspectiva sócio-histórica vigotskiana do construtivismo
piagetiano. In: MENDONÇA, S. G. de L.; MILLER, S. (Org.).
Vygotsky e a escola atual: fundamentos teóricos e implicações
pedagógicas. Araraquara: Junqueira & Marin, 2006. p. 27-48.

MELO, M. L. de A. Da prática à fundamentação teórica
psicopedagógica. **Revista Psicopedagogia,** São Paulo, v. 19, n. 51,
p. 46-49, 2000.

MERY, J. **Psicologia curativa escolar e psicanálise.** Porto Alegre:
Artes Médicas, 1985.

MICHAELIS. Dicionário brasileiro da língua portuguesa.
Disponível em: <http://michaelis.uol.com.br/busca?r=0&f=0&t=
0&palavra=psicopedagogia>. Acesso em: 30 maio 2018.

MORENO, J. L. **Psicodrama.** 2. ed. São Paulo: Cultrix, 1974.

MORIN, E. **Os sete saberes necessários à educação do futuro.** 2. ed.
São Paulo: Cortez; Brasília: Unesco, 2000.

MOTOVANELLI, R. Campo de atuação do psicopedagogo. **Saber na Rede**, 25 mar. 2011. Disponível em: <http://www.sabernarede.com.br/campo-de-atuacao-do-psicopedagogo/>. Acesso em: 30 maio 2018.

MÜLLER, M. Perspectivas de la psicopedagogía en el comienzo del milenio. **Revista de Psicología y Psicopedagogía**, n. 2, jun. 2000.

MÜLLER, M. Psicología y psicopedagogos: acerca del campo ocupacional y la clínica psicopedagógica. **Temas de Psicopedagogía**, Buenos Aires, n. 1, p. 7-20, 1984.

MUNHOZ, M. L. P. Educação e família numa visão psicopedagógica sistêmica. In: MELLO PINTO, S. A. (Org.). **Psicopedagogia**: contribuições para a educação pós-moderna. 2. ed. Petrópolis: Vozes, 2004. p. 175-184.

NEVES, M. A. C. M. Psicopedagogia: um só termo e muitas significações. **Boletim da Associação Brasileira de Psicopedagogia**, v. 10, n. 21, p. 10-14, 1991.

NOFFS, N. de A. A formação e regulamentação das atividades em psicopedagogia. **Revista Psicopedagogia**, v. 33, n. 100, p. 110-120, 2016.

NOFFS, N. de A. O papel social da psicopedagogia. **Revista Psicopedagogia**, v. 19, n. 53, p. 43-46, dez. 2000.

NOGARO, A. et al. Pensando a aprendizagem na perspectiva da psicopedagogia institucional. In: JORNADAS TRANSANDINAS DE APRENDIZAJE, 15., 2014, La Plata. **Anais...** La Plata: Transandinas Libros, 2014. p. 166-175.

NÓVOA, A. **Os professores e a sua formação**. Lisboa: Dom Quixote, 1992.

NUNES, T.; BUARQUE, L.; BRYANT, P. **Dificuldades na aprendizagem da leitura**. 4. ed. São Paulo: Cortez, 1997.

OLIVEIRA, C. B. E. de; MARINHO-ARAÚJO, C. M. Psicologia escolar: cenários atuais. **Estudos e Pesquisas em Psicologia**, Rio de Janeiro, v. 9, n. 3, p. 648-663, dez. 2009. Disponível em: <http://pepsic.bvsalud.org/scielo.php?script=sci_arttext&pid=S1808-42812009000300007&lng=pt&nrm=iso>. Acesso em: 30 maio 2018.

OLIVEIRA, M. A. C. **Psicopedagogia**: a instituição educacional em foco. Curitiba: Ibpex, 2009.

OLIVEIRA, M. K. de. **Vygotsky**: aprendizado e desenvolvimento – um processo sócio-histórico. São Paulo: Scipione, 1995.

ORDEM NACIONAL DOS PSICANALISTAS. **Sobre a psicanálise.** Rio de Janeiro, 2013. Disponível em: <http://www.onp.org.br/index.php/sobre-a-psicanalise>. Acesso em: 30 maio 2018.

PAÍN, S. **Diagnóstico e tratamento dos problemas de aprendizagem.** Porto Alegre: Artes Médicas, 1986.

PEREIRA, R. da C. O código de ética e a ética do código: algumas considerações jurídicas. **Psicologia: Ciência e Profissão**, Brasília, v. 11, n. 1-4, p. 32-35, 1991.

PFROMM NETTO, S. **Psicologia da aprendizagem e do ensino.** São Paulo: EPU/Edusp, 1987.

PIAGET, J. **A equilibração das estruturas cognitivas**. Rio de Janeiro: Zahar, 1976. Prefácio.

PIAGET, J. **A representação do mundo na criança**. São Paulo: Melhoramentos, 1977.

PIAGET, J. **Para onde vai a educação**. Rio de Janeiro: J. Olympio, 2007.

PICHON-RIVIÈRE, E. **O processo grupal**. 4. ed. São Paulo: M. Fontes, 1991.

PIMENTA, S. G. Formação de professores: identidade e saberes da docência. In: PIMENTA, S. G. (Org.). **Saberes pedagógicos e atividade docente**. São Paulo: Cortez, 1999. p. 15-34.

PONTES, I. A. M. Atuação psicopedagógica no contexto escolar: manipulação, não; contribuição, sim. **Revista Psicopedagogia**, v. 27, n. 84, p. 417-427, 2010.

PORTAL EDUCAÇÃO. **Perfil, competências e habilidades do psicopedagogo**. Disponível em: <https://www.portaleducacao.com.br/conteudo/artigos/direito/perfil-competencias-e-habilidades-do-psicopedagogo/45598>. Acesso em: 30 maio 2018.

PORTO, B. de S. (Org.). **Educação e ludicidade**. Salvador: Gepel, 2004. (Ensaios, 3).

PORTO, O. **Psicopedagogia institucional**. Rio de Janeiro: Wak, 2006.

PÖTTKER, C. A.; LEONARDO, N. S. T. A atuação do professor psicopedagogo na escola: suas implicações no processo de escolarização. In: LEONARDO, N. S. T.; LEAL, Z. F. de R. G.; FRANCO, A. de F. (Org.). **O processo de escolarização e a produção da queixa escolar**: reflexões a partir de uma perspectiva crítica em psicologia. Maringá: Eduem, 2014. p. 79-110.

PRANDINI, R. C. A. R. Autoria de pensamento e alteridade: temas fundantes de uma relação pedagógica amorosa e libertadora. In: PINTO, S. A. de M. (Org.). **Psicopedagogia**: um portal para a inserção social. Petrópolis: Vozes, 2003. p. 67-73.

QUADROS, E. A. de. **Psicologia e desenvolvimento humano**. Curitiba: Sergraf, 2009.

REIS, R. P. **Uma visão psicopedagógica da EJA (um longo caminho entre as relações afetivas e o permitir-se aprender)**. Disponível em: <http://artigos.netsaber.com.br/resumo_artigo_56939/artigo_sobre_uma-visao-psicopedagogica-da-eja>. Acesso em: 30 maio 2018.

RENAULT, G. La Universidad Del Salvador, Cumple Sus Primeros 50 Anõs. La Carrera de Psicopedagogia, se Encuentra Cumpliéndolos También. **Aprendizaje Hoy: Revista de Actualidad Psicopedagógica**, Buenos Aires, v. 26, n. 64, p. 7-10, jul. 2006.

ROCHA, N. Trajetória da psicopedagogia no Brasil. **Revista da Associação Brasileira de Psicopedagogia**, n. 18/19, 2005.

ROMAÑA, M. A. **Do psicodrama pedagógico à pedagogia do drama**. Campinas: Papirus, 1996.

RUBINSTEIN, E. A especificidade do diagnóstico psicopedagógico. In: SISTO, F. F. et al. (Coord.). **Atuação psicopedagógica e aprendizagem escolar**. 6. ed. Petrópolis: Vozes, 2001. p. 127-139.

ROUDINESCO, E.; PLON, M. **Dicionário de psicanálise**. Rio de Janeiro: Zahar, 1998.

SAITO, L. M. Psicopedagogia empresarial como agente de transformação. **UNOPAR Científica: Ciências Humanas e Educação**, Londrina, v. 11, n. 1, p. 39-46, jun. 2010.

SAMPAIO, S. **Dificuldades de aprendizagem**: a psicopedagogia na relação sujeito, família e escola. 3. ed. Rio de Janeiro: Wak, 2011.

SANTOS, B. S. **Para um novo senso comum**: a ciência, o direito e a política na transição paradigmática. São Paulo: Cortez, 2000.

SCOZ, B. J. L. **Psicopedagogia e realidade escolar**: o problema escolar e de aprendizagem. 16. ed. Petrópolis: Vozes, 2009.

SEABRA, G. de F. **Pesquisa científica**: o método em questão. Brasília: Ed. da UnB, 2001.

SISTO, F. F. **Aprendizagem e mudanças cognitivas em crianças**. Petrópolis, Vozes, 1997.

SISTO, F. F. et al. (Coord.). **Atuação psicopedagógica e aprendizagem escolar**. Petrópolis: Vozes, 1996.

SOLÉ, I. **Orientação educacional e intervenção psicopedagógica**. Porto Alegre: Artmed, 2001.

UNIBA – Centro Universitário Internacional de Barcelona. **¿Conoces los Orígenes de la Psicopedagogía?** Barcelona, 10 dez. 2015. Disponível em: <http://www.unibarcelona.com/int/actualidad/noticias/conoces-los-origenes-de-la-psicopedagogia>. Acesso em: 30 maio 2018.

VISCA, J. **Clínica psicopedagógica**: epistemologia convergente. Porto Alegre: Artes Médicas, 1987.

VISCA, J. **Psicopedagogia**: novas contribuições. Rio de Janeiro: Nova Fronteira, 1991.

VYGOTSKY, L. S. **A formação social da mente**. Rio de Janeiro: M. Fontes, 2001.

WEFFORT, M. F. **Observação, registro e reflexão**: instrumentos metodológicos. São Paulo: Espaço Pedagógico, 1991.

WEISS, M. L. L. **Psicopedagogia clínica**: uma visão diagnóstica dos problemas de aprendizagem escolar. 15. ed. Rio de Janeiro: DP&A, 2012.

ZILIO, M. P. **Psicopedagogo**: perfil profissional em conflito. São Paulo: M. Fontes, 2011.

Bibliografia comentada

BARBOSA, L. M. S. **A psicopedagogia no âmbito da instituição escolar.** Curitiba: Expoente, 2001.
O livro demonstra a importância da atuação psicopedagógica no ambiente escolar, apresenta métodos e técnicas, bem como exemplifica o espaço ocupado pela psicopedagogia na dinâmica da escola

BOSSA, N. A. **A psicopedagogia no Brasil:** contribuições a partir da prática. Porto Alegre: Artes Médicas, 2000.
Nesse livro, Nadia Bossa descreve a trajetória da psicopedagogia desde sua "descoberta" até os dias atuais e esclarece seu conceito, seus campos de atuação e seus domínios.

WEISS, M. L. L. **Psicopedagogia clínica:** uma visão diagnóstica dos problemas de aprendizagem escolar. 15. ed. Rio de Janeiro: DP&A, 2012.
A proposta da obra é encontrar uma resposta para a queixa escolar, que é analisada em diferentes perspectivas: a da sociedade, a da escola e a do aluno. Maria Lúcia Lemme Wiess alerta que, no diagnóstico psicopedagógico, não se podem desconsiderar as relações entre a produção escolar e as oportunidades reais que a sociedade oferece às diversas classes sociais.

ZILIO, M. P. **Psicopedagogo:** perfil profissional em conflito.
São Paulo: M. Fontes, 2011.

Nesse livro, Marisa Potiens Zilio discute sobre a identidade, as funções e as atribuições do profissional da psicopedagogia. Enfatiza que o psicopedagogo tem um campo de atuação próprio que vai além dos conhecimentos da psicologia e da pedagogia e que seu papel advém da necessidade de estudar e de lidar com os processos de aprendizagem e suas dificuldades. A autora realizou uma pesquisa com vários profissionais atuantes na área, a fim de investigar o pensar psicopedagógico, a interdisciplinaridade e o perfil desses profissionais.

Respostas

Capítulo 1

Atividades de autoavaliação

1) a
2) c
3) b
4) d
5) b

Capítulo 2

Atividades de autoavaliação

1) d
2) b
3) a
4) b
5) d

Capítulo 3

Atividades de autoavaliação

1) b
2) a
3) b
4) d
5) a

Capítulo 4

Atividades de autoavaliação

1) a
2) b
3) c
4) b
5) d

Capítulo 5

Atividades de autoavaliação

1) d
2) d
3) c
4) d
5) a

Capítulo 6

Atividades de autoavaliação

1) b
2) d
3) d
4) b
5) d

Sobre a autora

Genoveva Ribas Claro é graduada em Psicologia (bacharelado e licenciatura) pela Universidade Tuiuti do Paraná (UTP), especialista em Magistério Superior e Administração Estratégica em Recursos Humanos pela mesma instituição, especialista em Psicologia: Perito Examinador de Trânsito pela Pontifícia Universidade Católica do Paraná (PUCPR), especialista em Psicopedagogia Clínica e Institucional pelo Instituto Brasileiro de Pós-Graduação e Extensão (Ibpex) e mestre e doutoranda em Educação pela UTP.

Em 2003, começou a carreira docente como professora do curso de pós-graduação em Psicopedagogia: Clínica e Institucional no Ibpex, ministrando as disciplinas de Psicologia de Aprendizagem; Avaliação Clínica e Institucional; e Estágio Supervisionado (áreas clínica e institucional). A partir de 2005, passou a atuar nos cursos de graduação do Centro Universitário Internacional Uninter, nas disciplinas de Psicologia do Trabalho e Psicologia nas Organizações.

De 2004 a 2015, ministrou aulas na Faculdade Paranaense (Fapar), nas disciplinas de Psicologia Geral; Psicologia Jurídica; Psicologia Aplicada à Enfermagem; e Psicologia do Consumidor.

Atualmente, é professora e coordenadora do curso de pós-graduação em Psicopedagogia do Uninter.

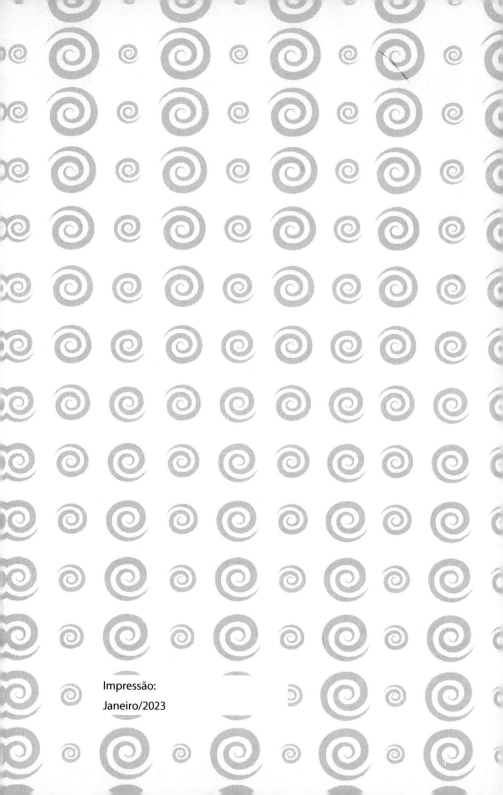

Impressão:
Janeiro/2023